돈 없고 백 없으니
겁날 것도 없다

보통의 존재로 살아가는 평범한 이들의 인생 돌파구

돈 없고 백 없으니 겁날 것도 없다

초판 1쇄 인쇄 2022년 9월 28일
초판 1쇄 발행 2022년 10월 5일

지은이 전윤경

발행인 백유미 조영석
발행처 (주)라온아시아
주소 서울특별시 서초구 효령로34길 4, 프린스효령빌딩 5F

등록 2016년 7월 5일 제 2016-000141호
전화 070-7600-8230 **팩스** 070-4754-2473

값 17,000원
ISBN 979-11-92072-91-3 (03190)

돈 없고 백 없으니 겁날 것도 없다

전윤경 지음

프롤로그

그럼에도 불구하고, 내가 매일매일 아주 명랑하게 사는 이유

나는 어린 나이에 가장이 되었다. 부모의 부재로 가난한 소녀 가장의 삶을 살아야 하는데 두 동생을 돌보는 일까지 해야 했다. 참으로 부담되는 일이었다. 그렇지만 가난한 것 때문에 인생을 비난하거나 원망하며 시간을 허비하게 보낸 적이 없다. 사실 가난은 실패가 아니라 불편한 삶이 지속된 것뿐이다. 그럴 시간이면 불편한 삶을 이겨내기 위해 생각을 바꾸고, 나은 삶을 살기 위해 움직였다. 그렇게 준비했던 일이 바로 서울 상경과 일본 유학이다.

나는 불편한 가난을 원망하는 것보다 기회로 삼기로 했다. 그러자 상황을 바라보는 관점이 바뀌었고, 생활의 태도가 바뀌었다. 불편한 상황이 찾아올 때마다 나의 묵은 생각을 전환할 수 있는 시간을 가지고 살아왔다. 가난의 조건을 스펙으로 생각해 내 삶을 살아내는 방법임을 터득하고, 배움의 열정을 낼 수 있는 원동력을 갖추게 됐다. 그래서 나는 매일 별일 없이 살아내고 있다.

평범한 사람이 글도 쓰고 책을 낸다는 것이 놀라울 것이다. 잘난 것도 없고, 유명한 것도 아닌 내가 성공해서 책을 쓰는 게 아니다. 실패를 밥 먹듯 하고, 20대 때부터 하고 싶다는 열정에만 꽂혀 '남들 하는 것 다해보고 살아야지', '20대니까 할 수 있어'라는 의욕을 가지고 저돌적으로 행동했다. 그렇지 않으면 포기하고 싶었던 순간이 너무 많았기 때문이다.

어떻게 보면 돈 없고, 백 없고, 학벌과 지연으로 내세울 게 하나도 없으니 겁날 것도 없었다. 100번 넘어져도 100번 일어날 힘만 있으면 도전하고 싶었고, 무조건 잘 되어 성공하고 싶었던 마음만 있었다. 그때마다 친구들은 "이제, 제발 그만하고 안정적이고 편하게 살아", "난 너처럼 도전하는 건 못해"라며 내게 말했다. 물론 친구의 말처럼 사는 것도 좋다. 하지만 난 도전하는 일에 포기할 수 없었다. 하고 싶은 게 많은 나는 생각하고 만족하기보다는 행동으로 옮기는 편이다. 설령 포기하는 일이 생기더라도 도전한다면 반드시 다른 결과물을 가져온다고 믿기 때문이다.

그럼 내가 별나게 용기가 많은 사람인가 생각할지 모르겠지만 전혀 그렇지 않다. 나는 겁도 많고 두려움도 많다. 어떤 상황이라도 사람이 노력하면 역전시킬 힘이 내 안에 있다는 것을 깨닫게 되었기 때문에 그저 도전할 뿐이었다. 그 결과물이 일본 유학이었다. 무일푼, 무연고 상태였음에도 일본 유학에 대한 간절한 바람으로 준비하고 꿈꿨기 때문에 이뤄낸 일이었다. 대단한 비결을 말하는 게 아니다. 환경 때문에 문제를 크게 보지 않는 것, 버텨보는 것. 그게 나에게 힘을 주었다.

대학 진학 포기, 사업 실패, 빚, 상처 등 상황은 계속 따라주지 않았다. 원망에 사로잡혀 포기하고 싶을 때가 많았다. 그럼에도 불구하고 살아내고 버텨내고 있다. 물론 지금도 순간순간 위기일 때가 많고 지칠 때가 있다. 이런 내가 포기하지 않는 이유는 끝을 모르기 때문이다. 살아있는 동안 버텨보는 것이다. 세상에서 말하는 학력, 성공, 부를 가져보진 못했지만, 버텨보면 살아지고 살아지면 살아갈 이유를 찾게 된다고 믿고 있기 때문이다.

나는 버릇처럼 생각하는 것이 있다. '지금까지 내가 버거운 삶을 버틸 수 있게 한 것은 무엇일까?' 지난 시간을 통해 오늘을 복기해 본다. 무엇이 어떻게 잘못되었는지, 개선해야 하는 것은 무엇인지 생각한다. 인생은 연습은 없지만, 예습과 복습은 가능하다고 생각한다.

무조건 내일만 생각하고 성공에만 집중해서 달려온 결과는 생각보다 부실했다. 이뤄 놓은 게 하나도 없다. 그냥 달려가면 결승전에 골인하는 운동선수처럼 내달렸다. 가져 보지 못한 것을 욕망하며 인생의 액셀러레이터만 밟고 왔다. 그러다 보니 과속 딱지뿐이었다.

보이지 않는 가난에 얽매여 한판에 뒤집어엎을 셈으로 이겨보고 싶은 마음이 더 컸던 것 같다. 과정보다는 결과에만 충실하며 말이다. 앞만 보고 달리면 괜찮은 삶인 줄만 알았다. 살아보지 못한 미래에 대해 나는 충분히 잘 살아가고 있다고 그땐 믿었다.

지금부터는 천천히 가도 좋다. 내가 진짜 원하는 것이 무엇인지 또 내게 필요한 것을 찾아가며 가도 좋다. 가진 것이 없다고 인생을 쉽게 단정 짓고 포기하지 않았으면 좋겠다.

전윤경

차 례

2장

가난에 대처하는 법

3장

외로움에 대처하는 법

4장

부러움에 대처하는 법

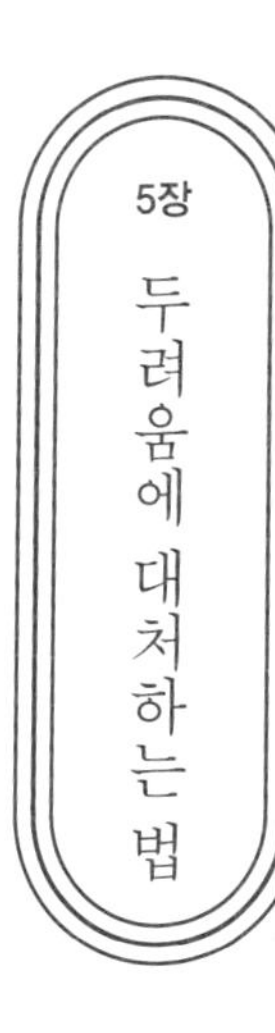

에필로그

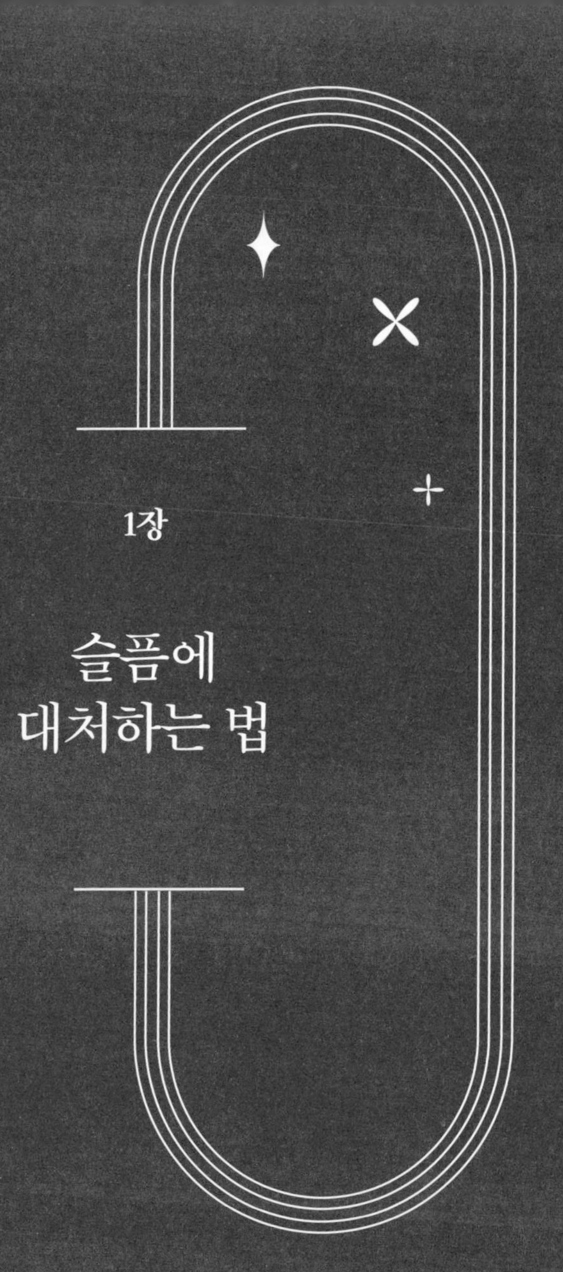

1장

슬픔에 대처하는 법

나도 딸로 살아보고 싶었다

'딸'이란 말이 듣고 싶다. 익숙하게 들을 수 있는 이 말이 간절하게 바라는 일이 되어버린 현실이 안타까울 뿐이다. 별일 아닌 일에 유난스럽게 생각한다고 말을 할 수 있겠지만 나는 그 말이 참 좋다. 그만큼 딸로서 사랑받고 있다는 걸 느끼고 싶은데 따뜻하게 '내 딸'이라고 불러줄 부모가 없다는 사실이 슬플 뿐이다.

나의 상황을 가까이 들여다보고 관심 있게 살펴봐 줄 수 있는 사람은 부모일 것이다. 그 누구도 부모가 자식을 생각하는 것처럼 관심 있게 들여다보며 보살펴 줄 수 있는 관계는 없다고 생각한다. 그래서 부모가 있는 딸이 그저 부러웠다. 딸이란 말을 들을 수 없는 현실을 맞닥뜨리며 의지할 수 있는 사람이 없다는 것이 큰 외로움이었다.

부모는 자식에게 모든 걸 주어도 아까울 것이 없는 유일한 사람이다. 부모의 사랑 그 이상을 줄 수 있는 상대는 찾아보기 힘들다. 조건 없이 사랑해 주고 보듬어 줄 수 있는 사람이 부모라는 것을 알기에 그런 부모를 지금도 원한다. 그저 사랑을 받아 보고 싶을 뿐이다. 나이가 들고 어른이 되어도 사랑받고 싶은 마음과 딸로서 부모에게 관심받고 싶은 마음은 사라질 것 같지 않다. 딸이란 말은 그리운 것이 되어버렸다.

조건 없이 사랑받는 상대가 있다는 것이 얼마나 감사한 일인지 곁에 있을 땐 잘 모른다. 시간이 지나면 알게 된다. 세상에서 가장 완벽한 내 편은 부모뿐이다. 그만큼 미워도 절대 미워할 수 없는 존재가 자식이 아닐까 싶다. 가끔 주위 사람들에게 물어보면 자식은 미워도 그때뿐이라고 한다. 사랑이란 말 속에 '용서'도 숨어 있지 않을까 생각이 든다. 완전한 사랑을 줄 수 있는 사람이 자식인 것 같다.

해지는 저녁이
외롭던 어린 시절

어릴 때 해가 지는 저녁이 참 싫었다. 친구들과 놀다가 친구의 엄마가 저녁 먹으라고 친구를 부르면 친구는 바로 손 흔들며 가버렸다. 엄마의 부름에 단번에 집으로 가버리는 친구가 부럽기도 했지만 미웠다. 친구가 미운 것보다 그 친구에게 있는 엄마가 없는 내 현실이 미웠겠지.

엄마가 부르고 기다리는 모습이 아른거려서 그랬을까. 딸로 살아가는 사람들을 보면 여전히 부럽다. 그립도록 듣고 싶은 말, '내 딸'. 이름을 불러주지 않아도 내 부모만이 불러줄 단어이자 따뜻함이 느껴지는 말이다. 이름보다 먼저 불러진 '딸'이라는 단어가 그냥 좋다. 자신의 전부를 주어도 아까울 것이 없는 사랑이 느껴진다.

이젠 딸이란 말이 어색할 만큼 커버렸다. 아버지만큼 어른이 되면 딸이란 말도 무뎌질 만큼 익숙질 만도 한데, 지금도 가슴에 콕 박혀 있는 단어가 됐다. 아직도 딸이란 말이 듣고 싶다. 다섯 살 이후로는 엄마와 살아본 적도 없고 아버지마저 간경화로 돌아가시고 딸도 죽었다. 오래도록 딸이란 말을 어디서도 들어볼 수 없고, 낯선 말로 들릴 정도로 시간이 흘렀다.

딸 넷을 둔 아빠인 남동생

아버지는 알코올 중독 환자였다. 그럼에도 불구하고 돌아가시기 전까지 우리 세 남매를 포기하지 않고 키웠다. 자상하고 다정한 아버지는 아니었지만, 곁에 계셨다는 것만으로도 힘이 되었다. 그래서 미운 마음보다 고맙고 미안한 마음만 남는다. 살아 있는 시간 동안 아버지는 최선을 다했다는 마음이 느껴진다. 돌아가시기 전까지 자식을 내버려 두지 않았다는 것만으로도 감사하다. 그때까지는 아버지의 딸로선 살았으니까.

딸만 넷을 낳은 남동생은 자식에 대한 부성애가 강한 편이다. 딸 넷을 키우는 과정을 곁에서 지켜보면서 잊고 살아왔던 딸로서의 삶이 다시 떠오르게 되었다. 기저귀 갈아주고, 함께 놀아주며 남동생이 아빠로 살아가는 모습을 보면 아버지 생각이 난다. 아버지의 딸로 살았던 지나간 삶이 생각난다.

딸로서 살았던 내 모습. "딸!" 하고 불렀을 그 음성이 그립다. 어쩌면 아버지가 부른 딸보다 더 그리운 건 나를 향해 바라보는 아버지의 마음이 아니었을까 싶다.

딸이란 말에는 많은 걸 표현하지 않아도 충분히 부모 마음에 깊이 연결되어 있는 뭔가가 있다. 부모로부터 연결되어 있는 것일까.

여전히 애틋한 엄마의 손길

중학생 때였을 것 같다. 학교 수업을 마치고 집으로 들어왔는데 엄마가 저녁 식사를 준비하고 계셨다. 텅 빈 집안에 불을 켜 저녁 요리를 하는 일은 내 일과였는데, 엄마가 요리하는 모습을 보는 건 태어나 처음으로 보는 일이었다.

아무도 없는 집에 불이 환하게 켜져 있고, 저녁 요리를 하는 엄마 모습에서 엄마 딸인 게 딸로서 느껴보는 처음이자 마지막 기억이다. 그 이후 삶에서 다시 없었던 일이지만 그 짧은 시간은 엄마가 해준 음식을 먹으며 좋았던 시절의 그리움이 되어 지금까지 애틋한 기억으로 남아 있다.

나는 또래 아이들과는 전혀 다르게 집안일들을 해야 했고, 자식의 삶이 아닌 가장의 삶을 살아야 했기에 친구들과는 다른 사람을 살아야 했다. 엄마가 만들어준 맛있는 음식을 먹고, 숙제하는 것이 일상인 친구들과는 달랐다. 자기 방을 치우는 일만 하는 정도면 나에겐 감사한 일이다. 매일 집안일을 하고 나면 지쳐 떨어져 나갔다.

엄마가 챙겨주는 도시락이며 맛있는 요리를 먹고, 부모의 보살핌을 받는 딸로 자라봤으면 하는 생각을 종종 해본다. 부모 품 안에서 자랄 때가 얼마나 행복한지.

늘 그리운 부모의 사랑

나의 고생을 잘 아는 목사님이 가장 먼저 부른 말 "딸, 사랑한다"라는 말이 그 어떤 말보다 세상을 다 가진 마음이었다. 그러다 문득 머릿속을 지나가는 생각이 있었다. '진짜 부모가 아니어서 부모의 입장을 정확하게 생각한다는 건 어려운 일이겠다'라는 것이었다.

부모 밑에서 무조건 사랑만 받고 자란 자식은 없을 것이다. 잘못하면 야단맞고, 하고 싶은 것이 있으면 부모님께 허락을 구하는 많은 것들과 타협이 필요했을 것이다.

그런 친구들과 비교해 보면 나는 꽤 자유분방한 사람이었다. 내가 부러운 건 오냐오냐 이쁨만 주는 부모 아니었을까 하는 생각이 든다.

성숙할 만큼 성장한 나이임에도 불구하고 아직도 사랑받고 싶은가 보다. 밥투정하는 어린아이처럼 사랑받으려고 투정을 부리는 내 모습을 보면 나 스스로 당황스러울 때가 있다. 칭찬받으면 더 칭찬받기 위해 매달리는 아이처럼, 이럴 나이가 아닌데 왜 그러는지 나도 잘 모르겠다. 부모의 사랑은 어른이 되어도 여전히 그리운 모양이다.

'부끄럽게 왜 그러는 거야?'

'사랑받고 싶어.'

'너 어른이잖아!'

'그래도 사랑받고 싶어!'

나도 모르게 내 마음속 생각들이 끊임없이 사랑받고 싶다고 말을 하는 것이다. 부모의 사랑이 그리운 건 딸로 충분히 살아보지 못했던 삶에 대한 아쉬움 때문이 아닐까 싶다.

이별에
익숙해지는 법

살아가는 동안 이별은 누구에게도 예외 없이 찾아온다. 조금 더 일찍 이별을 경험하거나 늦을 뿐이다. 특히 사랑하는 사람들을 곁에서 떠나보낼 때의 아픔은 이루 말할 수 없다.

어릴 때 엄마는 우리 셋만 남겨두고 집을 떠났다. 늘 엄마 품이 그리웠다. 감나무 아래 웅크리고 앉아 우는 날이 많았다. 두려웠다. 엄마 없이 남겨졌다는 건 슬픔 자체였다. 동생들이 있어도 아버지가 있어도 말이다.

여섯 살에 겪은 엄마와의 이별은 태어나 처음으로 겪는 아픔 이상의 고통이었다. 보고 싶고 그리운 엄마의 빈자리가 싫었다. 하지만 시간이 지나도 엄마는 오지도 않았다. 엄마의 빈자리는 길어졌고, 엄마와의 이별을 인정하고 싶지 않았지만 받아들여야 편하다는 것을 알게 되었다.

아버지 안녕히 돌아가세요

몇 년 후 아버지가 돌아가셨다. 죽음이란 것을 처음 맞닥뜨린 날이기도 했다. 아버지의 죽음은 충격이었고, '사람은 누구나 죽는구나'라는 사실을 알게 된 날이기도 했다. 유일한 세 남매 보호자였던 아버지가 돌아가시고 세상에 홀로 우두커니 서 있는 것 같았다.

아버지의 죽음은 쉽게 받아들여지지 않았다. 잠시 자리를 비운 것 같다는 생각만 들 뿐 눈물조차 나지 않았다. 생소했다. 죽음을 받아들인다는 게 어려웠고, 부모가 없는 삶을 살아가야 한다는 것도 버거움으로 다가왔다. 화장터에서 집으로 돌아온 후 아버지의 빈자리를 보면서 슬픔에 견딜 수 없이 눈물이 났다. 죽음을 받아들이는 일보다 영원히 곁에 있을 거란 아버지가 떠난 빈자리가 이상하리만큼 낯설고 어색했다. 현실을 마주하면서 미개한 공간에 홀로 서 있는 기분이라고 해야 할까.

아버지의 떠난 빈자리를 목사님이 대신해 보살펴 키워주셨다. "아버지는 천국 가셨으니 너무 슬퍼하지 말고 웃으며 보내드리자"라는 말씀에 죽음을 받아들일 수 있었다. 삶의 고통도 아픔도 슬픔도 가난도 없는 곳에 아버지가 있다면, 살아 고생했던 시간에 대한 보상이 되지 않을까 생각에 안도가 되었다.

이제는 부모와 자식으로 살아온 시간보다 아버지를 떠나보낸 시간이 더 흘러버렸다. 내가 가보지 못한 천국이지만 아버지의 삶이 얼마나 힘이 들었는지 잘 알기에 편안했으면 좋겠다는 바람이다.

평생 느껴보지 못한 따뜻했던 집

혼자 살고 있던 교회 선생님과 생활을 했다. 아버지가 돌아가시고 어린아이들끼리 살아야 하는 모습에 안쓰러웠는지 선생님이 흔쾌히 보살펴 주시기로 하고 같이 살게 된 것이다. 선생님과의 생활은 아버지와 살았던 삶과는 다른 따뜻함을 가장 많이 느꼈다.

책 읽기를 좋아하지 않았던 나에게 책 선물로 《장발장》을 사주셨을 땐 떨떠름한 표정으로 "책은 읽지도 않는데…"

라며 투덜거리며 받았던 기억이 난다. 그래도 선생님이 읽어 보라고 사주신 선물이기 때문에 열심히 책을 읽었고 그때 읽었던 《장발장》은 아주 기억에 오래 남은 책이기도 하다.

책 읽는 것, 학교 숙제 하는 것, 아침저녁 챙겨주며, 잘못한 일엔 혼나가며 선생님과 함께한 시간은 그리 오래가진 못했다. 좋은 배우자가 나타나 선생님은 결혼을 하게 되었다. 그사이 나는 고등학교까지 졸업하고 서울로 올라왔다.

서울에서의 생활에 바쁘게 적응하며 사느라 선생님과 얼굴을 보며 지내는 일은 쉽지 않았다. 고향을 내려갈 때 한두 번 얼굴 본 일이 다였다. 초등학교 때 선생님의 모습은 세월이 지나도 얼굴에 고스란히 앉아있었다.

난 아직 죽음을 받아들이지 못하는데 왜!

일본 유학 준비를 하던 중 선생님이 돌아가셨다는 전화를 받았다. 아버지가 돌아가셨을 때와 같은 반응이 나타났다. 가까이 곁을 지켜줄 것 같은 사람들이 왜 떠나는지 알 수 없었다.

어릴 때는 다 살아보기도 전에 떠난다는 건 상상도 못할 일이었다. 그렇게 죽음은 어느 날 갑자기 찾아온다. 그러나 아직도 죽음이라면 나이가 들어 기력이 다해 떠난다는 것으로 생각할 때가 있다. 여전히 익숙하지 않은 존재다.

선생님의 몸이 약한 건 오래전부터 알고 있었다. 그런데도 이별 소식을 어떻게 받아들여야 할지 몰랐다. 엄마 이상의 따뜻함을 처음으로 느껴 본 선생님이었다. 정 많고 사랑 많았던 선생님이 지금도 그립다.

아버지가 돌아가시고 난 후 죽음이 무엇인지는 알았지만, 그래도 이별이 쉽게 받아들여지진 않았다. 물론 시간이 지나면 기억에선 옅어지겠지만 그때의 그 상황에서 선생님의 죽음을 받아들이고 싶지 않았다. 이유가 찾고 싶었다.

시간을 공유하며 함께 살아온 사람들과의 이별은 아팠고, 지금도 여전히 헤어짐은 생각만 해도 아프다. 그렇기에 이 슬픈 감정을 억누르지 않았으면 좋겠다. 다시 볼 수 있을 또 다른 시간 안에 우린 약속되어 있으니까.

쏟아지는 눈물,
억지로 참지 않는다

"외로워도 슬퍼도 나는 안 울어 참고 참고 또 참지 울긴 왜 울어"

만화 〈들장미 소녀 캔디〉의 주제곡이다. 울면 바보라고 하지만, 난 차라리 울고 바보라는 소리를 듣겠다. 울고 나면 마음은 편해지니 말이다.

내 삶에 참 눈물 나는 날이 많았다. 울어도 보고 참아도 봤다. 해보니 우는 것보다 참는 것이 더 힘들다. 커다란 돌덩어리가 가슴팍에 딱 꽂히는 느낌이다. 울고 나면 속은 후련해진다. 차라리 울고 싶을 땐 실컷 우는 게 낫다고 말하고 싶다.

다른 처방전이 필요 없다. 바보같이 보이면 어떤가. 남이 내 아픔 가져가서 대신 아파해 주지도 못하는데. 아무도 내 감정을 대신해 줄 수 있는 사람은 없다.

슬픔은 오로지 내 몫이다. 본인조차 스스로 슬픔을 외면한다면 대체 언제 울어야 하는 걸까. 슬퍼서 참고 외로워 참고…. 참는다면 뭔가 성장하는 것이라도 있는 걸까? 울음을 그친다고 뭐가 나아지는 게 있는 것도 아닌데 말이다.

슬퍼도 참아야 하고 외로워도 참아야만 어른이 되는 줄 알았다. 참아도 너무 참아서 성인군자라도 되는 줄 알았다. 시간이 지나고 보니 슬픔을 참는 것이 아물어지는 게 아니었다. 오히려 병이 되고 상처로 남아 곪아 터지는데 약도 없다. 슬픔을 참아야 하니 다른 것으로 대신 채웠다. 외로우니 술이요, 슬프니 술이니라. 그 술 때문에 상처와 병이 생겼다. 슬픔을 술로 달래려니 덤으로 병을 얻은 것이지.

눈물만큼은 감정에 솔직하다

영화나 드라마를 보면 슬퍼서 눈물 흘리는 감정을 숨기거나 억누르지 않았다. 슬프고 눈물이 나면 우는 게 내면의 슬픈 감정을 긍정적으로 순화할 수 있는 시간이 되지 않을까 싶다.

20대는 우는 게 부끄럽고 나약한 존재 같아서 참는 것이 낫다고 생각했었다. 남들은 다 가진 것 같은데 혼자 못 가진 것이 많다는 생각에 스스로가 가엽고 서러워서 울기도 했다. 다정한 부모, 따뜻하고 화목한 집이 있는 친구들을 보면 그들은 더 이상 부러울 것이 없어 보였다. 내게 없는 게 상대적으로 더 커 보였다.

살아오면서 슬픔이라는 감정을 가장 많이 느끼며 살았던 것 같다. 나이가 들면 눈물도 메말라 슬픈 상황에 눈물이 안 나온다고 한다. 슬픔도 사치처럼 느껴져서 그런 건 아닐까. 아무렇지 않은 듯 '뭐 그까짓 것 가지고 울어'라고 생각하는가 보다. 어떤 사람들은 하도 울어 눈물이 안 나온다고 하는데 난 여전히 눈물이 많고 잘 우는 편이다.

울고 싶을 땐 아픔이 상처가 되지 않을 만큼 울음을 토해냈으면 좋겠다. 몸이 아프면 서러워서 더 눈물이 났는데 그러고 나면 아픈 몸도 금방 나아지는 듯했다.

언제 터질지 모르는 눈물 풍선 하나쯤 가슴에 품고

한때 이를 악물고 피도 눈물도 없이 강하게 사는 것이 잘 산다고 생각하며 살아본 적이 있다. 그럴수록 마음 한쪽엔 상처가 곪아 터질 정도로 얼굴은 어두워졌다. 사람들은 그런 나를 보며 "찔러도 피 한 방울 안 흘리게 생겼다"라고 말할 정도였다.

이런 말을 들을 땐 나 스스로 카리스마로 생각해 감정의 변화가 별로 없었다. 그런데 지금 생각해 보면 오히려 화와 분노가 더 있었던 것 같다. 다른 감정이 드러나면 약해 보이고 얕잡아 보일 것 같아 숨기는 편이었다. 그럴수록 듣는 말은 어둡고 그늘졌단 말들뿐이었다.

나는 유독 그늘졌단 말이 듣기 싫었다. 삶을 통째로 들킨 느낌이었다. 기억하고 싶지 않은 어둡고 아픈 기억들이 여기저기 흩어져 있던 파편들이 하나로 뭉치는 느낌이다. 잘 웃지도 않는 편이어서 웃는 게 어색했었고, 거울을 잘 들여다보는 편이 아니었다. 웃는 일보다 차갑고 어두운 표정으로 있을 때가 많았다.

간혹 웃을 때 사람들이 "웃으니까 귀엽다"라고 많이들 말했다. 듣기 좋은 말에 괜히 쑥스럽고, 거울을 보고 웃는데 꽤 오래 웃지 않았던 근육의 뻣뻣함에 어색한 표정이 낯설었다. '왜 이렇게 웃는 게 어색하지'라고 생각이 들면서 보는 내가 어색했다. 익숙하지 않으니 어색한 내 모습에 소름이 돋았다.

눈물 흘릴 줄 아는 것도 멋있더라고

어둡다는 말을 들을 때마다 내 아픈 감정을 들여다보지 않을 수 없었다. '나 아프구나'라는 가엾은 생각이 들었다. 감정을 억누르고 사는 게 멋진 어른으로 살아가는 것처럼 느껴질 때가 있었다. 즐거울 때 웃는 건 괜찮고 감정이 슬퍼서 우는 건 어른스럽지 못한 것이고, 보통은 감정이 아파서 우는 건데 그래서 감정의 위로를 받고 싶어서 보이는 게 눈물인데 왜 눈물은 참아야 하고, 그만 울어야 하는 걸까. 참아야 할까. 눈물을 훔쳐야 할까.

눈물을 참고 산다는 건 감정에 병이 들었다고 생각한다. 가끔 의지대로 되지 않거나 상황이 견뎌내기 힘들 때는 슬픈 감정을 이겨볼 거라고 견디는 게 오히려 억새풀처럼 상처가 자라나고 있다는 걸 느낄 때가 많았다. 내면 깊숙이 눈물을 가둬버렸다. 울면 나약하기만 하고 감정 컨트롤하지 못하는 바보 같아 보여서 말이다. 철저하게 남에게 내가 어떻게 비춰 보이는 것에만 생각했었다. '나 오늘 울어도 됩니까' 허락 맡고 울어야 하는 바보 같은 사람으론 생각하지 않을 것 같아서.

눈물이 모든 게 통하는 지름길은 아니지만, 적어도 슬퍼서 나는 눈물을 억지로 참지 않았으면 한다.

죽음 앞에 선 인간

병치레가 잦았다. 남들이 볼 땐 꾀병이라고 할 정도로 몸이 자주 아팠고 병원을 학교 다니듯 드나들었다. 아플 때마다 주변에서 애틋하게 챙겨주는 손길이나 따뜻한 위로의 말이 듣기 좋았다. 누군가의 관심이 집중되어 나만 관심 있게 들여다봐 준다는 느낌 때문이었는지도 모르겠다. 아플 때 만큼이라도 따뜻한 손길을 느낄 수 있어서 좋았다. 싫진 않았다.

나는 성격이 꽤 예민한 편이다. 예민한 성격 탓에 몸이 성할 날이 없었다. 상황에 따라 예민하게 반응하고 생각하는 것 때문에 몸이 늘 고단했다. 고단한 몸은 병원행으로 이어졌다. 사람들은 무엇 때문에 이렇게 예민하게 사냐고 하는데 나도 잘 모르겠다. 생각 많고 예민하고 다혈질까지 성격이 이러니 몸이 상하지 않을 도리가 없다.

숨 쉬는 것도 힘들어졌다

스트레스가 만병의 근원이라고 하더니 끝내는 호흡기 질환까지 찾아왔다. 숨 쉬는 것이 힘이 들었다. 1년 6개월을 기침을 달고 살았다. 심한 기침에 갈비뼈에 금이 갔고, 호흡곤란으로 1년 넘는 시간을 보냈다. 낮보다 밤은 숨 쉬는 게 더 힘들었다. 밤이 되면 거친 숨소리와 함께 기침을 거칠게 하지 않으면 숨이 막힐듯한 답답함에 잠을 자는 것이 두렵고 괴로운 시간이었다. 죽음의 공포까지 느낄 정도였다.

뜬눈으로 밤새거나 쪽잠을 자는 일이 많았다. 새벽에 잠을 자다 숨이 멎어 눈을 뜨고 가슴을 주먹으로 힘껏 치며 숨을 몰아 쉬어보려 해도 눈물만 쏟아지는 것이다. 거친 숨을 몰아쉬며 병원으로 이송되어 검사를 받기도 했다. 결국 호흡기 질환으로 알레르기 반응에 민감한 체질이 되어버렸다.

습도가 높은 여름엔 특히 숨 쉬는 것이 힘들다. 젖은 수

건이 목구멍에 걸려 있는 듯한 느낌이다. 가슴이 답답하고 숨을 내쉬면 고양이의 골골거리는 소리가 내 목구멍에서도 난다. 습도와 먼지에 민감한 편이라 날씨에 꽤 민감하게 반응을 보이는 편이다.

날씨가 춥거나 뜨거우면 괜찮다. 몸도 성격만큼이나 확실하게 반응을 하는 것 같다. 차거나 뜨겁거나 딱 내 성격처럼 말이다. 그러나 습도가 높거나 먼지가 심한 날엔 예민해진다. 없던 호흡기 질환이 과거에 불편하지 않았던 환경에 몸이 예민하게 반응하게 되었다.

많은 이들이 "그래, 건강은 건강할 때 챙겨야지" 하면서 평생 아프지 않을 것처럼 건강 따윈 신경 쓰지 않고들 산다. 나 또한 그랬다. 불편하고 아파보니 아프지 않았던 그때가 늘 생각이 난다. 잃어보면 깨닫는 이유는 뭘까.

청천벽력 같은 몸 상태

일본 유학 시절, 일과 공부를 동시에 한다는 것이 힘에 겨웠는지 몸에 무리가 왔다. 특히 끼니를 제대로 해결하지 못하고, 이것저것 군것질로 배를 채웠다. 무엇보다 허기질 때가 힘들었다. 배고픔이 싫었다.

빈속을 채워야 하기에 편의점에서 떨이로 할인하는 상품이 있으면 사서 배를 채웠다.

건강을 위한 식단은 사치였고, 무조건 배를 채우고 보자는 식의 생각으로 먹어서 그런지 몸에 어떠한 문제가 생기는지도 모르고 시간을 보냈다. 외국 생활이기 때문에 병원을 다니는 건 엄두가 나질 않았다.

학교생활과 시간제 아르바이트를 하면서 돈을 버는 것이 힘에 겨웠다. 그러다 한쪽 다리에 마비가 왔다. 아침에 샤워하고 옷을 입는데 다리가 내 마음대로 움직여지지 않았다. 아무리 다리를 움직여 보려고 해도 의지대로 되지 않았다. 다리가 저려서 그런가 싶어 이리저리 움직이다 쾅 하고 넘어지는 소리에 같이 사는 언니가 달려와 무슨 일이냐며 물었다. 눈물만 쏟아졌다.

언니는 내가 초등학교 때 만난 전도사님이다. 일본 유학생 남편을 만나 일본으로 떠났고, 언니와 오래도록 알고 지낸 분이 지병으로 돌아가셨단 소식 듣고 한국에 잠시 와 있었다. 중국 유학 준비를 한다는 내 얘기를 듣고, 일본으로 방향을 바꿔보라는 권유를 받았다. 그리고 일본 유학을 준비해서 일본으로 갔다. 일본에서의 적응하는 몇 개월 동안 언니랑 짧은 시간 함께 지내게 되었다.

언니는 어느 날 갑자기 급성으로 찾아온 마비로 다리가

움직여지지 않는 나를 데리고 병원으로 갔다. 그리고 그곳에서 청천벽력 같은 말을 들었다. "다리를 절단해야 할 수도 있습니다." 하늘이 무너져내리는 기분이었다. 어떤 증상이 주기적으로 나타나서 일어난 것도 아니었고 하루아침에 다리 마비라니.

환청을 들은 것이면 좋겠다, 꿈이었으면 좋겠다고 생각했다. 피하고 싶었다. 그런데 내 두 귀로 듣고 말았다. 한 발자국 움직이는 일에는 고통이 따랐고 의지와는 다른 걸음걸이에 괴로웠다. 어떻게 해야 할지 해결책을 찾아야 하는데 아무것도 생각나질 않았다.

희망을 놓치 않자
어느새 기적은 찾아왔다

죽고 싶었다. 하지만 방법을 찾아야 했다. 수소문 끝에 한국인이 운영하는 한의원을 찾아 증상을 설명하고 진단을 받았다. 위장기능이 정상적으로 활동을 하지 못하고 심장에서 혈액이 순환해야 하는데 제일 약한 다리 쪽에 피가 정상적으로 흘러가지 못해서 오는 것이라고 말씀하셨다. 진단이 나왔으니 치료를 해야 했다. 침은 주사보다 더 끔찍하게 싫어하지만, 나아지고 싶은 마음에 참고 견뎌내야 했다. 일반 침도 아닌 대침을 맞는데 무서움과 두려움 이상의 공포였다.

낫고 싶은 마음과 의지할 곳이 절실했다. 걸을 때마다 엉성한 걸음걸이로 10분 거리를 30분이 넘는 시간이 걸리고 누군가 비웃는 것 같은 마음에 괴로움은 더했다. 이렇게까지 아프지 않아도 벅차게 힘든데 이런 고통이 왜 찾아오냐고 따지고 싶고 원망하고 싶었다.

이런 나를 데리고 다니며 치료받게 하고 함께 기도하며 돌봐주던 사람이 있었는데, 바로 교회 리더였다. 다리 마비로 걷지 못하고 상심했던 나의 손을 붙잡고 눈물로 함께 기도하며 먹을 것을 챙겨주며 보살펴 주셨다.

아픈 한쪽 다리에 온통 신경을 쓰고 있을 때는 하루가 죽을 만큼 길게만 느껴졌다. 아픈 다리가 언제 나아서 예전처럼 걷고 뛸 수 있을지 아무렇지 않게 일상생활을 할 수 있을지 기대하면 현실은 정말 답답했었다.

아픈 것만 생각하면 시간은 더디 가는 것 같고 마음만 괴로웠다. 걷는 것이 바보 같아 보여도 일상에서 꼭 해야 할 일들이 있었기 때문에 불편하고 답답하지만 포기할 수 없었다.

불편한 아픈 다리에 덜 집중하기로 생각하고 시간이 가서 아픈 것이 완치되기만을 바라며 시간을 보냈다. 아픈 것에 집중하지 않기로 마음먹고 불편한 일상생활을 했다. 그렇게 해야만 마음만큼은 편안하게 지낼 수 있을 것 같았다. 그러자 시간이 어떻게 흘러갔는지도 모르게 다리 마비는 풀려 예전처럼 편하게 걷고 있었다. 어느 순간 어떻게 나아진 줄 모르는 사이에 벌어진 상황이었다.

아직도 과거에 앓았던 다리 마비 증상이 살짝 남아 있는지, 약간의 뻣뻣함과 무직한 느낌은 있다. 그때 당시 영원히 걸을 수 없을 것 같았던 느낌과 단번에 해결될 문제가 아니었다. 작은 희망이 있다면 간절히 붙잡았던 순간들이 생각난다. 건강은 건강할 때 챙겨야 한다는 어른들의 말씀이 자석처럼 마음에 착 달라붙는다.

이때 일을 계기로 어떤 문제들에 직면하면 한곳에 집중하고 고민하는 습관을 내려놓게 되었다. 문제를 집중해서 들여다본다고 해결되는 것보다 근심이 쌓이고 피로감이 쏟아질 때가 더 많았다. 문제를 직면하고 집중하다 보면 시간은 더디 가는 것 같고, 상황은 계속해서 나아진다는 느낌은 들지 않을 것이다.

어떤 문제를 골몰해서 집중하다 보면 문제의 덩어리만 보이는 것 같아 하루에도 수십 번 죽고 싶은 생각만 가득 찼다. 그럴수록 마음의 짐을 다른 쪽으로, 특히 내가 좋아하는 산책을 하면서 정신의 긴장감을 털어주다 보면 문제를 해결하는 방법도, 힘도 생겨났다.

삶의 무게,
짊어보면 알게 되는 것

사람들의 생김새만큼 취향도 다르다. 그래서 살아가는 방식도 다르고 경험도 다르다. 우린 서로 다른 경험들을 공유하며 서로의 삶을 통해 위로받는다. 경험해 보지 않고 이해한다는 것, 겪어보지 않았으면서 공감한다는 것은 어려운 일이라고 생각한다. 그냥 듣고 아는 정도의 공감과 위로이지 않을까.

책임을 묻기엔

가장으로 두 동생의 누나, 언니로 산다는 것은 힘에 버거울 때가 많았다. 부모 노릇을 해야 한다는 말을 듣는 것조차 부담이 되었고, 스스로 선택한 삶이 아닌 부모가 짊어지지 못한 책임이라는 덩어리가 나에게 통째로 하늘에서 뚝 떨어져 품 안에다 안겨준 듯한 기분이었다.

나에게 허락된 것이 있을까. 부모도 가난도 내가 허락한 것이 아무것도 없었다. 내 의지로 선택할 수 있었던 삶이었다면 절대로 허락도 수용도 책임도 지지 않았을 것이다. 인생은 연습도 없다. 주어진 대로 살아내야 하는 실전이었다. 단지 경험을 통해 조금 더 잘 살아갈 힘이 생기고 버틸 기운으로 나이를 먹는 것 같다.

어떻게 살아가는지, 살아내야 하는지 알지도 못했다. 주어진 것에 이겨내야 할 힘도 길러보지 못한 채 어린 나는 무거운 짐을 짊어지게 되었다. 초등학교 때부터 동생들의 잘못은 나에게 쏟아졌다. "부모가 없으면 네가 부모나 다름없는데 동생들 똑바로 가르치고 키워야지." 분명 옳은 말인데 화가 났다. 왜 이런 책임감을 일찍이 짊어져야만 하는 상황이 생겼는지 알 수 없었다.

부모의 무책임으로 돌려야 하나. 인생은 견딜 만큼의 고통을 준다고 하는데 그런 시간이 일찍 찾아오게 된 이유를 찾아야 하는지.

아버지가 버틸 수 있었던 건 자식보다 술이었을까

술병 하나가 눈앞에 보일 때마다 마음은 철렁 내려앉는 기분을 느꼈다. 가난한 집안에서 태어난 보상인 것처럼 살아보지 못한 삶까지 미리 살아나갈 방법을 배웠다.

삶의 무게를 느끼는 요즘, 아버지만큼 나이를 먹고 세상을 바라보니 아버지가 사는 인생은 얼마나 고단했을지 앙상한 나뭇가지만큼 말라버린 몸이 말해주는 것 같았다. 생각해 보면 자신의 아픈 몸도 고통이었지만 어린 자식을 남겨두고 떠나야 한다는 괴로움도 있었을 것 같다.

어쩌면 살아내야 할 힘보다 술로 통증을 참고 고통을 스스로 잊으려고 했는지 모르겠다. 잠시나마 다른 생각을 하지 않아도 되니까. 그것이 아버지의 유일한 낙이었고 위로였을까. 기대고 비빌 언덕이 없는 건 아버지도 나와 같았을 것 같다.

남들처럼 평범하게 살아보는 게 소원이었다. 어두운 밤 아파트 속에 켜진 조명은 따뜻해 보였다. 그 안에 살아가는 사람들은 행복하게 사는 것 같아 부러웠다. 어떻게 하면 저들처럼 나도 살 수 있을까 생각했다. 그래서 닥치는 대로 배울 수 있으면 배우고 기회만 생기면 뭐든 해보고 싶었다. 잘 살고 싶고, 좋은 것 먹고 싶고, 좋은 친구들 사귀고 싶어서 살아가면서 더 살아보려고 발버둥 칠 때마다 어렵고 힘든 난관에 부딪힐 때가 많았다.

대인관계, 금전 문제가 마음대로 되지 않을 때는 시간이라도 빨리 지났으면 싶었다. 남들은 지금보다 과거의 시간으로 되돌아가고 싶다고 말하지만 난 빨리 시간이 가길 바랐다. 시간이 더디 가면 "시간이 나만큼 빨리 못 쫓아오네"라며 내뱉곤 했다. 나의 아픔을 위로받는 건 시간이 빨리 지나가 버리는 것이었다.

살아가면서 사람들은 제각각 버틸 무언가 있어야 한다는 생각이 든다. 아버지에게 술은 버틸 수단이었다면 우리 남매에겐 두려움의 또 다른 시간이었지만 말이다. 나는 혼자 살아가는 지금도 버거울 때가 많은데 그런 아버지에게 있어 세 명의 자식은 버거웠을 것 같다. 혼자서 무슨 위로를 받으며 살았을까. 견디고 버티게 해줄 만한 것이라도 있었을까. 분명 자식들 때문에 싫은 소리도 많이 들었을 것이다.

반항하는 사춘기 동생들, 짊어진 또 다른 무게

아버지가 없는 자리엔 내 몫이 있었다. 분명 누가 봐도 난 어렸다. 그런데 장녀라는 이유만으로, 부모가 없으니 가장이라는 이유만으로 온갖 책임을 져야 할 그냥 아이 어른이 되어버린 것이다. 자식이 잘못하면 부모가 욕을 먹는다고 이 말을 실감하며 살아왔다. 동생들이 잘못하면 여지없이 화살이 나에게로 날아왔다. "누나가, 언니가 동생들 제대로 가르치지 못하니 저 모양이지."

일찍이 부모 노릇을 대신해서 자식이 내 뜻대로 되지 않는다는 것을 알게 됐다. 물론 동생은 내 자식은 아니다. 더욱이 동생이기에 내 말을 잘 들을 리가 없었다. 나만 짊어진 가장이지 두 동생에겐 누나, 언니뿐일 테니 말이다. 게다가 동생들의 사춘기 반항은 너무 거세고 거칠어 이루 말할 수 없이 힘들었다. 어린아이를 키울 때와는 전혀 달랐다.

시간이 지나면 부모도 감당하기 힘든 게 사춘기 자식이다. 사춘기를 심하게 겪는 동생들로 정신적인 스트레스가 심했다. 외적 스트레스를 어떤 반항으로도 풀지 않았다면 정신병원에 들어갔을 정도였다. 그 반항적인 행동이 결벽증이었다. 사람들은 내가 말을 잘하면 동생들이 잘 따라 줄 거라 말했지만 절대 아니었다.

나는 결벽증이 있어 동생들이 먹은 그릇이 설거지가 되어 있지 않으면 그냥 그릇을 버렸다. 옷을 벗은 채 놔둔 것을 보고 치우라고 몇 번 말을 했는데도 듣지 않으면 옷을 그대로 불태워 버렸다. 신경 쓰고 싶지 않았다. '눈에서 안 보이면 신경 안 써도 되겠지'라는 마음이 컸다. 자극적인 방법을 쓰면 동생들이 따라줄 거란 기대가 있었는지도 모르겠다. 미래에 겪어도 될 인생을 지금 사는 것 같아서 버거웠다. 어쩌면 마음의 스트레스를 푸는 방법을 거칠게 배운 것 같다.

결국 두 동생을 통해서 나를 성장시켜 왔던 것 같다. 어른이 되어 가는 과정을 말이다. 키워내본 사람들만 알고, 짊어본 사람들만이 무게를 알 수 있는 것 같다. 적어도 내가 살아본 인생은 짐을 짊어 본 사람들이 아는 무게가 있는 것 같다. 그리고 경험을 통해 무게를 공유한다.

누군가와 친해지기 시작하면 우린 각자 과거 아픈 기억들을 나눈다. 상처를 위로받고 싶어서 그럴까. 아니면 공감하고 싶은 무언가를 찾고 싶어서 그럴까. 과거의 아픈 상처를 이야기 나눌 때면 이해한다는 말로 위로한다. 하지만 정작 어떤 문제가 생기면 이해하고 아는 것들은 어디로 갔는지 찾을 수 없다. 이면의 삶들을 깊이 들여다 보면 전혀 다른 삶을 살아와도 공감이 된다.

완벽한 내 편이 없을 때는 이렇게 한다

무리 안에 있어도 혼자라는 생각은 지워지지 않았다. 그 자리에서 벗어나면 늘 혼자였고, 혼자인 시간이 편할 때도 있지만 의지할 누군가가 없는 외로움도 컸다. 그래서인지 내 편 한 사람만 있으면 세상 사는 것이 넉넉할 것 같다는 생각을 했었다.

연애하는 커플을 보면 내 편 한 사람이 있다는 자신감 찬 모습에 당당한 기운이 나에게도 느껴지는 경우가 있다. 내 시간 안에 시간을 공유하며 사는 한 사람이 가져다주는 편안함 때문이 아닐까. 기댈 수 있는 이유, 나만 바라보고 믿어주는 그런 이유.

예상하지 못했던 상황이 생길 때 인생의
예비 훈련소에 왔다고 생각하고

오래전부터 혼자 있는 일에 익숙해져 있다. 어쩌면 초등학교 다닐 때 친구들로부터 따돌림으로 생긴 습관인지 모르겠다. 한글도 모른 채 초등학교 입학하고 시골을 벗어나 도시로 나왔다. 친구들 사이에 놀림 당하기 딱 좋은 케이스였다. 촌스럽기도 했겠지. 엄마가 없는 것도 왕따 당하기 좋은 이유로 작용했다.

초등학교 입학 전까지 시골에서 돌아다니며 놀아서 크게 주눅 들진 않았다. 친구들이 왕따를 시켜도 대수롭지 않았다. 무리 안에서 왕따를 당하느니 차라리 혼자서 노는 게 나았다. 이렇게 혼자서 노는 것에 익숙해져 다른 일을 함께하지 않아도 어색하거나 쑥스러운 일이 별로 없었다.

'혼자 노는 게 뭐 어때서. 혼자 있어 본 적도 없는 네가 더 불쌍해.' 혼자 있는 시간이 많을수록 무언가를 채울 수 있는 게 필요했다. 뭔가 일을 하지 않아도 혼자 있는 시간 '멍 때리기' 좋은 시간이었다. 생각하고, 하고 싶은 일을 머릿속에 그려보는 것 또한 나에겐 대단한 즐거움이고 재미였다.

지금도 여전히 멍 때리는 시간은 즐겁다. 이런저런 생각들을 머리로 그림을 그려보는 게 나름의 즐거움이다. 혼자 있는 시간이 많았던 고등학교 때는 할 일을 만들어야 했다.

가끔 생활신문을 보고 보육원을 찾아가 아이들과 놀아주고 시간을 보냈다. 아이들은 부모의 정이 그리웠을 테지만 내 품에 안겨진 아이는 떨어지기 싫어 바둥거리는 모습이 내 마음을 안타깝게 했다. 우린 서로 같은 허전함을 서로의 온기로 채우려 했던 것 같다.

장애인 봉사를 할 때는 식사부터 봉사 시작이었다. 내가 담당한 분은 식사할 때 어려움이 있었다. 소화력이 떨어지고 치아 없이 잇몸으로 식사를 하셔야 하셨기에 음식을 입안에 넣고 뱉어내고 또 먹기를 반복했다. 옆에서 함께 밥을 먹는 일이 쉽진 않았다. 그때는 낯선 경험에서 오는 거부감이 들었던 것 같다.

여느 때와 같이 봉사를 하는데 그날은 좀 달랐다. 점심시간이 돌아왔고 메뉴는 국수였다. 나는 그분과 또 마주 보고 식사를 했었다. 그런데 아무렇지 않았었다. 음식을 입에 넣고 뱉고 또 뱉은 음식 드시고 해도 내 굶주린 배를 채우기 바빴기 때문이었는지 앞에 식사하는 분의 상황이 불편하다고 느껴지지 않았다.

그때가 가장 기억에 남는 봉사활동이자, 조금 다른 견해로 세상을 바라보게 된 계기였다. 상황을 바라는 보는 관점이 바뀌면 많은 것들이 달리 보일 수 있다는 사실을 알았다.

혼자일 때 외롭다는 생각보다 생각하는 시간이 곧 나의 위로

혼자일 때 누리는 시간은 가장 소중한 시간이다. 그 시간은 나는 성장시켰고, 지금도 여전히 그 시간을 누릴 수 있다. 그래서 혼자서 여행, 유학을 떠난다거나 낯선 곳으로 이사를 한다는 것은 고민거리가 되거나 큰일이 아니니다. 가끔은 같은 생각을 가지고 함께할 수 있는 내 편이 곁에 있다면 더 좋을 수 있다. 버거울 현실을 견디게 해줄 수 있고, 의지하며 기댈 수 있는 존재가 있다는 건 혼자일 때보다 힘이 되는 건 사실이니까.

혼자만의 시간이 주어졌을 때 뭔가 외로움 때문에 다른 무언가로 채우려고 하지 않는 편이다. 혼자 견뎌내고 버텨내야 할 상황들로 힘들 때가 많았었다. 물론 지금도 여전히 그렇다. 유일하게 가장 행복한 시간은 혼자 앉아 지금의 삶이 아닌 10년 후 미래의 그림을 그려보는 것이었다. 커피 한잔 그리고 산책은 여행과도 같은 즐거움이 있다. 걷고 생각하고, 생각하고 또 생각해도 무언가 할 일을 그려보는 것은 지겨워지지 않는 일 중에 하나다. 가끔 깊이 생각하고 생각의 꼬리를 물다 보면 두통까지 올 때도 있지만 그래도 좋다.

자유로운 영혼

요즘은 사람들이 혼밥, 혼술하는 모습은 이상하게 보진 않지만, 예전엔 혼자 여행하고, 지인도 없는 외국 생활을 하는 것이 이상하게 보일 때가 있었다. 식당에서 혼자 삼겹살 구워 먹고, 혼자 밥 먹는 일, 쇼핑하기는 꽤 오래전부터 해왔던 일이라 아무렇지 않았는데 지금은 많은 이들의 흔한 일상이 되어버렸다.

혼자 다니는 것도 좋아하고, 놀이동산, 노래방, 공원 산책 외에도 잘 다녔다. 그럴 때마다 특이하다는 말을 듣는 것도 좋았었다. 철없는 20대 때는 톡톡 튀는 그 특이함에 살아온 시간이었기도 했다.

고교 시절부터 친구들의 다수결 결정에 따라 움직이는 것이 불편했었다. 다수결의 의견대로 움직이면 소수의 생각은 없어지는 게 싫어 혼자 계획하고 재빠르게 움직이는 것이 익숙했다. 친구들 사이엔 참 특이한 아이였지만 말이다.

시간이 지나면서 학창시절 외로움도 있었지만, 그 외로움 안에서 얻은 보물은 혼자만의 시간을 가져보는 것이었다. 의도적으로 만들어 놓은 시간은 아니었지만, 오히려 혼자 있는 시간이 많아진 건 행운이라 생각한다. 혼자 있으면 외로워 보일까 바쁜 척하거나 책을 읽거나, 글을 쓰거나 무언가 집중할 수 있는 활동적인 행동을 많이 한 것 같다. 외로워 보일 사람으로 찍히지 않기 위해 나름의 계획이 있어야 했다. 그런 시간이 있었기 때문에 지금의 내가 있는 것이다. 미래에 나는 어떤 사람으로 성장해 있을까? 오늘도 내일의 나를 자유롭게 상상해 본다.

생명을 품고 있는 모든 것에 대한 연민의 마음

나는 고양이를 좋아한다. 고양이를 좋아해서 동물에 대한 애틋한 마음이 생겼다. 생명이 있기에 아파하고 눈물을 흘리는 건 사람하고 다르지 않다는 것을 알았다. 그전엔 동물이 감정이 있는 줄도 몰랐고, 사람만큼 아파할 거란 생각을 전혀 해보지 못했었다.

고양이를 키우면서 알게 된 사실이 동물도 감정이 있다는 것과 때로는 속상해 한다는 사실이었다. 그리고 눈물도 흘릴 줄 안다는 사실은 더 놀라웠다. 고양이를 키우면서 고양이의 반응을 예민하게 바라보고 관심을 가지면서 알게 된 것은 사람만큼의 감정 변화로 표정이 다양하게 나타내진 못하지만 나름 고양이에게도 편안할 때, 짜증 날 때 기분 좋을 때 등과 같은 표정이 있다.

길을 지나가는 고양이를 만나면 그냥 스쳐 지나치질 못한다. 바보같이 보이겠지만 밥은 먹었는지, 기운은 있는지, 털은 왜 뜯겨있는지, 세밀하게 관찰하고 혼자 속상해 중얼거린다. 아프지 말고 굶주리지 않았으면 하고 말이다. 고양이도 사람의 손길에 익숙한 아이들은 거부감 없이 내 주변을 맴돌며 꽤 친한 척 몸을 비비며 머문다.

버티고 살아가는 것은 사람이나 동물이나 똑같은 것 같다. 가끔은 온갖 세상 걱정은 혼자 짊어지고 사는 것처럼 풀이 죽어 살아갈 때가 많다. 고양이들은 내일 먹을 것을 위해 오늘 먹을 것이 주어질지 고민하지 않는다. 그렇게 살아가지 못하는 나를 볼 때면 안타까울 때가 종종 있다. 무엇인가 있어야만 웃을 수 있고, 없어지면 무기력증 환자처럼 상황에 따라서 기분이 달라지는 모습을 보면 미련스럽기만 하다.

예전엔 벌레만 보면 기겁하던 내가 개미 한 마리라도 보이면 길을 돌아간다. 혹시나 보이지 않는 어느 한 마리라도 밟혀 죽을까 봐 돌아가며 살아가는 동안에는 죽을 때까지 잘 살아가길 바라는 마음으로 기도한다. 처음부터 동물을 좋아했거나 사소한 것들에 관심을 가졌던 건 아니었다. 그러나 이제는 살아있는 모든 것, 생명이 있는 것들에 대한 애틋한 마음이 든다.

싫었던 것들이 어느 날 갑자기 좋아지긴 힘들다

어릴 때 여동생은 강아지, 고양이를 좋아해서 길거리에 돌아다니는 강아지, 고양이들은 다 데리고 집으로 들어오기 일쑤였다. 성향이 나와 다른 여동생은 동물을 좋아하고, 아이들을 좋아하고, 친구들을 집에 데리고 와서 간식 챙겨주고 놀아주는 걸 좋아했다. 난 늘 혼자 있기를 좋아하는 탓에 내 주변에 누군가 있다는 것이 싫었다. 가정환경 탓인지 내 주변에 있는 모든 것들이 번거로운 존재들이라고 생각했다. 사실 귀찮아서 더 그런 건지도 모르겠다. 그래서 동물들을 싫어했다.

어느 날, 여동생은 낮잠 자고 있던 내 머리맡에 새끼 고양이 두 마리를 키우겠다고 갖다 놓고는 나가버렸다. 뭔가 울음소리가 나서 일어나 보니 고양이가 있었다.

낮잠을 방해했다는 생각에 무척이나 화가 났었다. 유일하게 잠자는 시간만 쉴 수 있기 때문이었는데 잠이 깨버려 쉼을 방해받은 것에 화가 났었다. 나는 세상에 나 혼자였으면 좋겠다는 생각이 강했던 편이어서 내 주변에 관심도 말고 위로라고 하는 모든 행동도 말도 귀찮았다. 오로지 혼자였음 하는 간절한 마음도 있었고, 항상 고단하고 힘들었다. 그러던 나에게 고양이까지 떠안겨 줬다는 여동생이 싫었고, 단순히 좋아서 키우는 것과 책임을 지고 키워야 하는 것의 차이를 일찍이 알아버린 탓에 난 부담되는 일이면 하기 싫었다.

뾰족 솟은 바늘처럼 신경은 날마다 곤두서 있었다. 책임 못 지고 좋아하는 욕심만으로 키워지고, 소홀해지고 버려지는 것이 꼭 부모님이 떠난 후 나의 모습을 보는 것 같았다. 동물을 키우는 일은 버거웠다. 좋아하는 일 뒤에 따르는 책임은 힘이 들었다.

시간이 지나고 고양이 한 마리를 키우게 되면서 예전에 귀찮고 버거웠던 일들이 아무렇지 않았다. 오히려 고양이와 함께 하는 시간이 좋았다. 고양이 털 알레르기가 있지만 불편하고 번거로운 일을 좋아하면 감수하게 되는 감정도 몸이 어른이 되어가는 것만큼 성숙해진 것 같다.

아름다움을 빛어내는
고통에서 큰 위로를 받다

지금은 길거리 고양이가 배라도 곪고 다닐까 봐 곁에 와서 머물기라도 하면 통조림이라도 사서 먹을 것을 갖다 주곤 한다. 고양이들이 먹는 모습만 봐도 배부른 느낌이었다. 보통 고양이들은 잘 먹었다는 인사도 없이 뒤도 안 보고 가버린다. 그래도 사람들이 불러주는 이름은 달라도 아는 척은 해준다. 서로 말로 오고 가는 건 없지만 알아봐준다는 것이 고맙다. 그리고 주어진 시간을 다해 살아주면 좋겠다.

상처 많은 나를 대하듯 꽃과 나무를 키워냈는지도

가끔 휴식이 필요하다 느껴질 때 집 근처 공원을 찾는다. 나무들 틈 사이로 지나가는 바람도 좋고, 푸릇푸릇 잔디 위에 날아다니는 나비도 좋고, 자연과 벗이 된 것 같아 기분이 좋아진다. 피부에 스치는 바람도 눈에 보이는 꽃들과 나무가 고맙다. 덕분에 내가 행복하니까 말이다.

주어진 시간을 다해 살아가는 모든 것이 그 어떤 이유로든 훼손되는 것이 싫다. 아픔을 당하는 것도 싫다. 생명을 품고 있는 모든 것이 좋다. 멋들어지게, 힘 있게 피어 자리를 지켜주는 꽃과 나무는 나의 벗과 같다. 그래서 바람에 흔들리는 모습을 바라보는 것이 행복하고 훨씬 좋다. 어렵고 힘든 시간을 견딜 수 있었던 것도 마음의 위로를 얻는 것도 길 위에 피어 있는 꽃과 나무들이다.

길지 않게 플라워 숍을 운영했다. 식물을 키우고 꽃을 만지면서 보는 것만으로도 힐링이 되었다. 플라워 숍은 돈을 벌기 위한 수단보단 아마도 나를 위한 시간이었다고 생각이 든다. 물을 주고 바람이 잘 통하도록 해주는 일이 번거롭거나 힘든 일이라도 생각하지 않았다. 생명이 있다는 모든 것들이 나의 정성에 반응하며 커간다는 것이 신기했고, 싹을 틔울 때 자라고 있다는 것이 즐거웠다.

가끔은 시들고 잘 크지 못하면 잘 키워주지 못한 마음 때문에 미안한 마음이 든다. 어쩌면 상처 안에 갇힌 나를 만지듯 꽃을 만지며 식물을 키웠는지도 모르겠다. 봄가을 꽃이 피고 지는 계절에는 유독 감수성에 젖어 든다. 남들보다 예민하게 계절을 타고 느끼는 편이다. 살아있는 모든 것이 꿋꿋하게 견뎌내는 나를 보는 것처럼 느껴진다. 그래서 잘 견뎌냈으면 하는 바람으로 나를 날마다 응원한다.

그래도 나는 사는 게 좋다

살아가는 이유가 항상 궁금했다. 현실의 벽에 부딪히고 힘들 때 나 자신에게 던지는 질문이 있다. 왜 살아가고 있나 질문을 던져봐도 뚜렷한 대답은 할 수가 없다. 아니, 답이 생각나질 않는다. 그냥 살아가고 있으니 살아가는 것이다? 뭔 개뼈다귀 뜯는 소리인지….

한심해 보여도 어쩔 수 없다. 이렇게 살아가 보는 것이다. 살아나가다 보면 스스로 답을 찾기도 하고 깨닫는 순간이 올 때도 있으니까.

나는 이런 질문을 내게 던지기 전까지만 해도 세상에서 내가 제일 힘들게 살고, 상처 많은 인간인 줄 알았다. 머리 복잡하고 생각하기 싫었던 질문이지만 한 번쯤은 질문에 대한 답을 찾아야 했다. 나답게 사는 것이 무엇인지, 그래야 사는 이유가 생길 것 같았다. 막연하게 산다는 것이 어쩌면 낯선 길에서 방황하며 행선지도 불분명한 길을 찾아 나서는 행인과도 같을 것이다.

낯선 길을 가다가도 우리는 뜻하지 않게 즐거운 일들을 만나거나, 행복한 일을 만나게 되는 경험도 생긴다. 뜻하지 않던 일들로 기쁨을 느낄 때 사는 것만큼 좋은 일도 없었다. 절대 태어나고 살아보지 않았더라면 모를 맛을 느꼈으니. 인생은 쓴맛만 있는 게 아니었다. 태어난 게 감사한 일이라는 걸 느끼면 이것도 인생의 단맛이지.

별거 아닌 일에 곱빼기로 사는 듯한 기분

길을 가다 수레에 짐을 가득 실고 가는 할머니를 봤다. 가득 실린 종이상자 무게에 눌러 움직이기도 힘들어하셔서 뒤에서 밀어 드리는데 할머니가 고맙다고 웃어 주시는 모습에 마음이 흐뭇했었다.

바보같이 사는 즐거움을 늦게 터득했다. 내 욕심이 가득한 삶을 살았을 때보다 누군가에게 도움이 되는 기쁨으로 사는 삶이 얼마나 행복한 삶인지 알게 되었다. 그래서 어려운 사람들을 돕고, 가난한 사람들을 돌아보며 봉사하는 사람들의 마음을 알 것 같다. 경험해 보지 않으면 알 수 없는 일인 것 같다. 누군가를 위해 희생하며 돕는다는 것은 마음먹은 대로 잘되지 않는다는 것

나는 계절이 바뀔 때마다 자연의 아름다움에 감탄하고, 살아있음에 얼마나 행복한지 모른다. 눈으로 보고, 피부로 느낄 수 있는 순간순간 감사할 뿐이다. 지금 살아가는데 부족하다고 행복하지 못할 일은 없는 것 같다.

웃을 수 없는 상황에도 웃을 수 있는 사람이 진짜 행복한 사람

일본 유학 생활 때 굶고 돈 없어 고생할 때 위로로 삼은 말이 있다. '웃을 수 있을 때 웃는 게 아니라, 웃을 수 없는 상황에 웃을 수 있다면 이것은 절호의 기회'라는 것이다.

허기지고 배고픔에 견딜 수 없었다. 굶어서 죽겠다는 생각에 조금의 남은 기력이라도 쥐어 짜 힘을 내서 아르바이트 자리도 찾고자 했다. 상황이 아무것도 나아질 수 없다면 별일 없는 사람처럼 웃자고 생각했다. 웃으면 복도 온다고 하는데

찌푸리고 기운 없어 보이면 찾는 사람도 없을 게 뻔했었다.

행복한 시간이 오면 웃겠다고? 아니, 절대 웃지 못할 것이다. 웃을 수 있는 상황이 생겨서 웃겠다면 행복의 기회는 많지 않을 것이다. 과거와 미래보다 지금이 가장 행복할 수 있다. 어제보다 오늘이 낫고 내일보다 오늘이 더 편할지 모르니 말이다. 그래서 현재를 살아가고 있는 오늘이 제일 좋다.

배움을 통해 사는 즐거움

나는 배움을 통해 성취감을 얻었을 때 살아있음에 감사한다. '아는 것이 힘이다'라는 말처럼 배워 나가는 과정은 힘이 들어도 버텨내는 힘을 키우는 계기가 된 것 같다. 고등학교 졸업 후 배움에 대한 열정이 없었다면, 누가 무슨 말을 해도 위로가 되지 않는 자괴감에 빠져 허우적거리며 살았을 것이다. 알아가고 배우고 경험하는 일들은 내가 사는 이유였다. 지금도 그 이유다.

어두운 긴 터널을 지나는 동안은 답답할 수 있다. 까마득한 시간 안에 갇혀 밝은 세상을 기대하는 것이 두렵게만 느껴지는 시간을 꽤 오래 보냈다. 그런데 그런 시간 때문에 많은 걸 배웠고, 사는 지금의 순간이 매 순간 즐겁고 행복하진 않지만 그래도 사는 게 참 좋다. 힘들지만 한 발자국씩 움직이며 살아갈 때 인생의 틈새를 메워가며 사는 작은 즐거움들을 느낄 수 있는 것 같다.

뭔가 단번에 얻을 수 있는 것이 없는 듯하다. 실패와 실수를 통해 사는 것을 배워나가고 그사이 우리는 인생을 즐기는 법 또한 터득하며 살아나가는 것 같다. 어른이 되면 방황하는 시기는 없을 줄 알았다.

인생이 뜻하는 대로 움직이지 않는다는 걸 살면서 더 많이 느꼈다. 의도하는 대로 인생이 굴러갔다면 몸과 머리는 편했을지 몰라도 허무함과 공허함이 자리 잡아 그것이 더 나를 괴롭게 만들지 않았을까 생각이 든다. 열심히 일하면 돈을 많이 벌 것 같고, 공부하면 좋은 대학을 갈 것 같고, 좋은 관계를 맺으면 트러블 없이 평탄한 인간관계를 맺을 것 같지만 그렇게 내 인생이 내 마음처럼 되지 않을 때가 많았다.

나는 처음과 끝만 가지고 살아온 것 같다. 과정은 없이 말이다. 결과만 가지고 좋은 결과만 얻으려고만 노력한 것 같다. 늘 과정이 빠져 있는 극단적인 인생이었다. 시작과 끝만 가지고 충실하게 살아온 삶 말고, 이제는 과정을 꼼꼼히 챙겨보며 동기를 가지고 살아보고자 한다.

"나는 생각한다, 고로 존재한다" 르네 데카르트의 말처럼

어릴 적부터 나이답지 않게 자란 탓인지 사는 것이 지겨웠다. 이미 세상을 다 산 사람처럼 무엇 때문에 사는지 몰라서 사는 내내 지겨웠다. 사람들은 자신을 잘 안다고 생각하지만 난 나를 너무 몰라서 사는 동안 이것저것 부딪혀 가면서 나를 알아 나가고 있는 것뿐이었다. 나를 아는 만큼 사람이 보이고 나를 아는 것만큼 사는 이유를 조금씩 찾아가면서 말이다.

그럴 때 버텨내온 시간이 감사하고 지나간 시간이 지금의 내가 있기까지 '신은 멈추지 않고 나를 빚어가시구나'라는 생각을 했다. 나는 돈도 없고, 학력도 고졸이고, 지식도 수준 높지 않다. 그래도 사는 게 참 좋다. 왜냐하면 내 수중에 없는 것 때문에 더 많이 가진 것에 감사하지 못하고 사는 것보단 지금이 훨씬 더 소중하니까.

지금 나는 건강하다. 일도 할 수 있고, 맛있는 음식을 먹고, 노을이 지는 아름다운 풍경에 감탄할 수 있고, 내일을 꿈꿀 수 있고, 가지지 못한 것보다 가진 것이 더 많다. 그래서 행복한 사람이다.

난 인내심과 끈기가 많이 부족한 사람이었다. 그래서 포기를 제일 잘했다. 그런데 과정이라는 긴 터널을 지나오면 과정엔 노력이 따르고 인내와 끈기라는 고통이 좀 크게 따른다. 그러나 터널을 지나고 나면 참 멋진 사람이 되어 있다. 내게 많은 것이 주어지지 않아도 순간순간 즐길 줄 아는 것. 그래서 내가 사는 게 좋은 이유다.

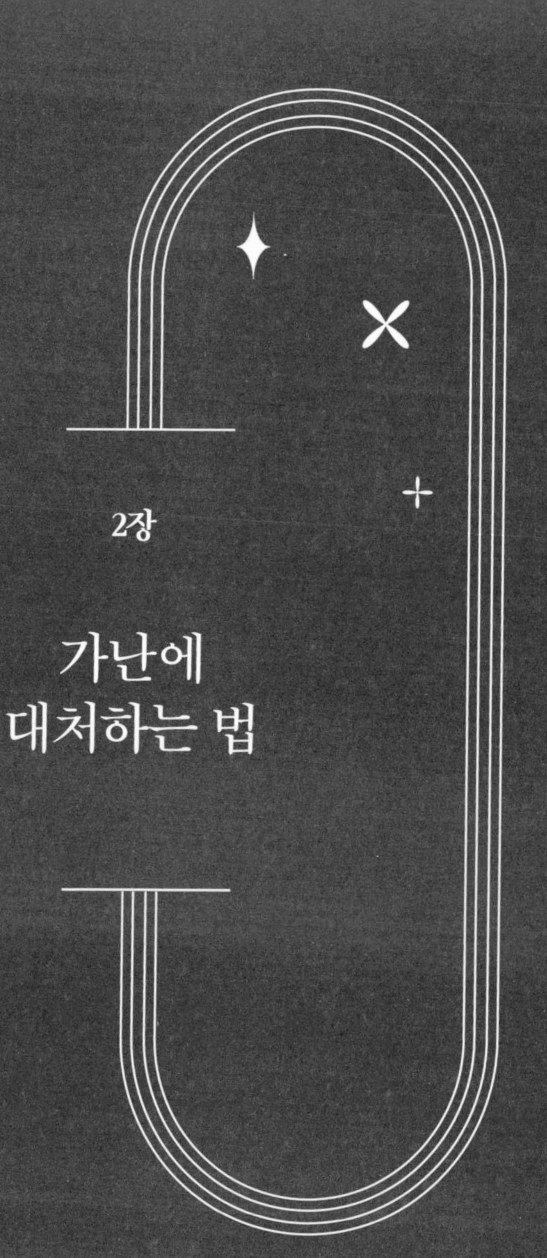

2장

가난에 대처하는 법

가난 때문에 꿈을 포기하지 않는다

나는 또래 친구들보다 일찍 직장 생활을 했다. 그래서 경력 또한 짧진 않다. 고등학교 때부터 전문직 기술을 잘 습득하면 평생 굶지 않고 산다고 해서 고민 끝에 찾은 일이 메이크업과 피부 관리였다. 메이크업을 먼저 배웠는데 적성에 맞지 않았고, 이후 피부 관리를 배워 서울에서 지금까지 일하고 있다.

되돌아보면 힘들어서 포기하고 싶을 때가 많았다. 때로는 취미로 다른 일을 해보고 싶다는 욕구에 끌리기도 했다. 다양한 일들을 접해볼 때마다 드는 생각은 지금 하는 일보다 수입이 안정적인 일도 없었다는 것이다. 무엇보다 경력과 실력도 겸비하면서 나를 찾는 고객이 있다는 것에 보람이 생겼고, 내가 하는 일이 싫지만은 않다는 걸 알게 되었다. 경력에 따른 인정도 따라온다. 좋아서 하는 일이기보다 지금까지 하는 일이다 보니 잘하는 일이 되었고, 전문직으로 꾸준히 해오고 있다.

잘하는 피부 미용 일로 일본 유학 생활 나기

나는 하는 일에 대해 회의적일 때가 많았다. 일하기 싫어 일하는 도중에 도망쳐 나간 적도 있었다. 새로운 일에 동경도 있었고, 좋아하는 일을 하면 하기 싫은 일을 억지로 하면서 피곤하게 돈 벌지 않아도 될 것 같은 마음에 늘 새로운 무언가를 끊임없이 배워왔던 것 같다. 새로운 직업 전환을 위한 기회만 엿보면서 말이다.

이 직업을 포기할 수 없었던 가장 큰 이유는 생계였다. 익숙해진 일을 뿌리치고 다른 일을 한다는 건 쉬운 일은 아니었다. 피부 미용 일이 싫어 호주에서는 식당 보조 일도 했지만, 식당 사장님은 기존에 피부 관리 일을 했으면 그 일을 다시 시작하는 게 낫지 않냐고 하셨다. 타국에서 돈을 벌고 먹고 살기 위해선 다른 일을 해볼 엄두는 나질 않았다. 생계만 걸린 일이 아니었다면 당장 그만뒀을 것이다.

일본 유학 때도 다른 친구들은 주방일이나 서빙을 하면서 아르바이트를 했지만, 피부 전문직으로 시급도 다른 친구들보다 많이 받고 매니저로 일을 하게 되었다. 만약 전문직이 아니었다면 아르바이트를 하면서 생활비에 학비까지 충당하면서 다니지 못했을 것이다. 일찍이 포기하고 돌아왔을 것 같다.

한국에선 하고 싶지도 않았던 일이었고, 기회만 된다면 그만두고 싶었던 일이었다. 지금은 인정받고 대우받는 일로 자리 잡혔지만, 20년 전만 해도 피부 관리는 전문성이 있는 직업으로 인정해 주는 그런 분위기는 아니었다. 그런데 일본에서는 뭔가 특별히 구별된 직업처럼 전문가에게 몸을 맡긴다는 고객들의 태도와 인식이 한국에서 느껴보지 못했던 부분들이었다. 그래서 고객에게 인정받고 고맙다는 말을 건네받을 때마다 일에 대한 보람과 즐거움이 느껴졌었다.

다양한 사람들과 만남이 교류되는 직업이다 보니 사람들의 만남이 자연히 이루어졌다. 주기적으로 찾아오는 고객들과 대화도 나누기도 하고, 일본인들과의 대화도 흥미로웠다. 언어와 문화가 다른 것에서 오는 표현, 행동은 배우고 싶으면서도 어색했고 낯설기도 했지만 일본인들의 스타일이 좋았었다.

일본 피부 관리실에 중국인과 한국인 고객도 찾아왔다. 한 중국인은 본인이 일하는 곳에 나를 초대했다. 다양한 친구를 만나고 사귀는 것도 나쁘지 않겠다 싶어 무슨 일을 하는지 궁금해서 물어봤더니 술집이었다. 유학생이 아르바이트로 월세와 학비를 감당해야 하는 게 힘들다는 것을 알아서 도움이 됐으면 하는 의도였겠지만 일본인 스폰서라는 말에 딱 잘라 거절을 했었다. 돈 많은 사람 만나면 편하게 살 수 있다는 것이었다.

돈만 보고 살아왔다면 쉽게 타협하고 살았을 것이다. 어렵게 유학을 가지도 않았을 것이고 말이다. 마음 편하게 살고 싶은 마음이야 누구나 똑같은 법이다. 돈이 없어 힘들어도 이런 유혹에 단 한 번도 넘어간 적이 없었다.

스스로 이겨내는 짜릿함,
외유내강

편하게 살 것만 생각했다면 백화점 아르바이트를 하면서 하루에 비빔밥을 수십 개 만들어 내며 판매하지도 않았을 것이다. 눈물 콧물 쏟아 내며 양파를 백 개 이상 썰어가며 울지도 않았을 것이고, 100인분 밥을 짓거나 대형 솥에 국을 끓이고 무거운 솥을 위로 올리고 내리는 일 따윈 죽어도 하지 않았을 것이다.

아, 생각만 해도 눈물 난다. 양파를 썰다 보니 매워 눈물 콧물 훌쩍이는 모습을 보더니 '너희 집에 초상났냐'라는 말에 쥐고 있던 무언가를 던져 버리고 싶을 만큼 미웠던 사장이 머릿속을 스쳐 지나간다. 얼마나 버텨내는지 궁금해서 구박했단 말이 여러 번 상처를 줬다.

그런 상처에도, 아르바이트 한 시간에 6천 원을 벌어도 꿈이 시급과 비례하지 않기 때문에 형편과 환경 때문에 주눅 들진 않았다. 오히려 어려운 형편에 꿈이 없었다면 무기력한 삶에 자포자기했을지도 모르겠다. 스스로 역경에서 이겨내는 짜릿함을 즐기는 듯했다.

물론 이런 짜릿함을 자주 겪고 싶진 않다. 솔직히 힘든 것은 맞다. 그 대신 나는 돈을 돈답게 잘 벌어 잘 쓰고 싶다. 가장 가치 있게 말이다.

버텨내는 자들이 이룰 수 있는 꿈

삶이 힘들수록 더 잔혹할 만큼 열심을 냈다. 그렇다고 큰 수확이 있었던 건 아니다. 돈은 적어도 내 앞에선 관대하지 않았다. 살아오면서 돈이 있었을 때보다 돈이 없어 굶주릴 때가 너무 많았다. 그렇지만 전문적인 직업을 가지고 실력만 쌓으면 돈을 벌 날이 올 거란 기대감으로 버텨낼 힘을 얻은 것 같다.

적당히 배운 매뉴얼대로 했다면 발전은 전혀 없었을 것이다. 성격상 적당히가 잘 안 된다. 포기하고 싶을 때가 많아서 적당히 배우고 그만해야지 하는 마음도 많았었지만 그럴 때일수록 생각과 몸의 행동은 다르게 움직이고 있었다. 주말도 없이 공부했고 실력을 쌓을 수 있다면 교육도 찾아다니며 받았었다. 배운 것을 일에 접목했을 때 고객이 만족하면 보람을 느끼기 시작했다. 이를 통해 직업에 대한 새로운 전환점이 생겼다. 처음 피부 미용을 시작했을 때 나의 마음가짐을 정확하게 기억이 난다. 나도 전문가처럼 긴장하지 않고 일할 수 있는 시간이 오겠지라는 마음.

시간이 모든 걸 해결해 준다고 한다. 그런데 시간에 반응하는 것은 오로지 나의 몫이다. 나의 노력이고 내가 버텨내야 시간이 해결해 줄 수 있다.

가난하다고 꿈조차 가난할 수는 없다

삶은 어렵고, 힘들었지만 꿈 많은 부자였다. 꿈이 뭐냐고 물어보면 열 개라도 말할 수 있을 만큼 꿈 욕심이 많았다. 친구들은 꿈이 많아서 좋겠다고 한다. 돈 주고 사는 것도 아니고, 노력해서 얻는 것도 아닌데 본인 인생을 위해 머리 아프게 고민해 보는 것이 가치 있는 일 아닐까. 바라고 이루고 싶은 꿈이 없었다면 어떻게 살아 냈을지 생각하면 아차 싶다.

꿈을 이루어 가는 나의 가능성을 하나씩 그려보고 구체적인 계획을 세워 행동으로 옮겨서 하는 것이 인생에서의 할 일이었다. 식물의 씨앗을 심고 세밀하게 관찰하면서 본 것은 씨앗은 썩어야만 그곳에서 싹을 피운다는 것이었다. 꿈부터 심고 꿈을 이루기 위한 나의 수고를 위해 노력해 보자.

나의 꿈은 이루고 싶은 것들을 이루어 나가는 것

나의 꿈은 멈춰져 버릴 듯한 답답한 현실에서 벗어나는 것이었다. 그래서 고속버스, 기차, 비행기에 꿈을 실었다. 뜬금없이 꿈을 차에다 실었나 싶겠지만 이것이 나의 첫 번째 꿈이었기 때문이다. 내가 태어나고 자란 곳에서 더 나은 곳으로 떠나고 싶은 마음이 간절했었다. 고등학교 졸업과 동시에 서울로 올라가겠다는 꿈을 초등학교 때부터 꿨기 때문이다.

언젠가 서울로 가는 고속버스를 타고, 더 빠른 기차를 타서 혼자 떠날 거란 생각을 했기 때문에 그 꿈이 성취되는 날은 지금도 가슴 떨리게 기분이 좋아진다. 처음 본 서울과 서울 사람들의 말투는 부드럽고 예뻤고, 진취적이었다. 역동적인 무언가가 나를 강하게 끌어당겼다. 그래서 서울로 올라오는 것이 꿈이었고, 서울 생활과 친구들을 사귀며 지내고 싶은 꿈을 이루기 위해서 서울에서 어떤 일을 해야 하는지, 그러기 위해서 무엇을 배워야 하는지 생각하고 부단히 노력했다.

마산에서 새벽 기차를 타고 서울로 올 때 수중에는 전 재산 10만 원밖에 없었다. 그랬던 내가 20년 가까이 서울 생활을 하고 있다. 꿈에 그리던 서울 생활을 이뤘다. 전혀 다른 환경에서의 생활은 즐거웠고, 그 사이 일본 유학과 호주 유학을 다녀오고 사업도 했었다.

살 곳, 먹을 것, 입을 것 크게 걱정하고 움직이지 않았다. 미련해 보여도 좋다. 많은 걸 생각해서 지레 겁먹고 포기하는 것보다 낫다고 본다. 돈을 벌어 조금씩 생활 수준을 올리는 생각으로만 왔다. 다른 무언가를 생각하고 계산하고 따지는 사이 버려지는 시간이 아까웠다.

돈이 없으면 없는 현실에 안주하며 산다는 것은 나에겐 감옥과도 같은 말이었다. 안주하는 삶을 살아야 했다면 지금의 도전도 꿈을 위해 살아가지도 못했을 것이다. 다른 사람에게 휘둘리며 살면 결국엔 그 인생에 대한 책임은 내가 짊어지고 살게 된다.

꿈이 가난과 타협하는 일은 없었으면 좋겠다. 물론 가난과 꿈이 타협하지 않는 일엔 고통이 따르긴 한다. 덤으로 인내심과 끈기도 있어야 한다. 과정이 만만치 않다. 그러나 답답한 현실에 안주하지 않았던 건 꿈꿀 수 있는 미래가 있다는 것이고, 이뤄갈 시간이 주어졌다는 것이었다. 시간의 한계가 있거나 내일이라는 시간이 없다면 자포자기했을 것이다.

오늘은 미래를 위한 투자의 시간이라 생각하며 꿈을 키워왔기 때문에 내일에 대한 소망이 있었다.

비행기에 꿈을 싣고 일본 유학 꿈을 이루다

힘든 서울 생활을 해본 경험이 있어서일까. 한국을 떠나 타국에서의 생활은 두려움보다 흥미로운 경험으로 다가왔었다.

유학이란 말로 그럴싸하게 보일 수 있지만 익숙한 곳에서 떠나 문화가 다른 곳에서의 생활을 꿈꿔 본다는 것은 흥미로운 일이기도 했고, 나의 한계를 뛰어넘어 보는 도전이라는 생각도 했었다. 우물 안 개구리에서 벗어나 나를 가장 어른스럽게 키울 수 있는 시간이 되지 않을까 하는 생각을 했다. 누군가에겐 소박한 꿈이 될 수 있지만, 이루고 싶은 작은 소원들을 이루며 살아왔기 때문에 포기하고 싶은 순간에도 버틸 수 있는 강력한 힘이 되었다.

일본에 간다고 했을 때 돈은 있느냐, 서울보다 물가 비싼 일본에서 어떻게 지낼 거냐며 걱정하는 말들이 고맙게 들리진 않았다. 어떻게 하는지 지켜본다는 느낌만 들 뿐이었다. 식비, 학비, 생활비 등 사실 걱정을 하려 들면 감당 못 하는 일들만 현실 앞에 너부러져 있었다.

많은 것들이 냉혹한 현실 벽에 콕콕 박혀 절대 불가능한 일이 테니 포기하란 말로만 들렸다. 정작 일본을 간다고 하는 나는 불안한 마음이 전혀 없었는데 주변에서 걱정이었다. 진심 어린 걱정이 아닌 불가능할 일이라는 것을 빗대어 표현한 말이라는 걸 알아서 싫었다. 나의 독불장군 같은 고집불통이 한번 생각하고 결정하면 밀고 나가는 성격이라 적극적으로 누구의 말에 흔들리지 않고 꿋꿋하게 움직였다. 한 번의 결단이 대범하게 결정하는 데 계기가 된 것 같았다.

오랫동안 가난이라는 굴레에서 벗어나지 못하고 메여있는 시간이 길었기 때문일까. 나의 답답한 삶에서 벗어나고픈 강한 욕구 때문인지 어떤 새로운 꿈이 그려지면 몸으로 먼저 움직이며 행동하는 게 습관처럼 되어 버린 것 같기도 했다. 여행이 꿈이라면 그 꿈을 이루기 위해 막연하게 떠나는 것이 아니다. 준비라는 것이 반드시 있어야 한다. 그러기 위한 행동이 시작된다. 꿈을 꾸고 이루어 나가는 과정에 보람을 느끼며, 앞으로 나아가보는 것이다.

나는 가진 것이 하나도 없지만 꿈만큼은 욕심이 많았던 소녀였다. 그리고 지금도 꿈을 꾸고 살아갈 수 있어 좋다. 포기하고 싶은 순간에도 꿈은 가난의 굴레에서 벗어나게 했고 넘어지는 순간에도 일어설 기회를 만들어 줬다고 생각한다.

분명 부족하고 가난했기 때문에 포기하는 것이 아니라, 더 많은 걸 준비하고 이루어 나갈 시간이자 기회였다. 나에게 가난은 그런 기회를 참 많이 주었다. 포기하지 않고 많은 걸 도전할 기회를 말이다.

지독한 결벽증,
굶주림 때문에 사라지다

어릴 때부터 비위가 약한 편이었다. 비위에 맞지 않는 음식은 심한 거부반응이 생겼고 그래서 음식 편식이 꽤 심한 편이었다. 무엇보다 심한 결벽증이 있었다. 흐트러진 꼴을 싫어했고, 뭐든 정리가 되어있어야 했다. 입고 벗고 먹는 모든 것이 완벽하게 정리되어 있지 않으면 스트레스로 배가 고파도 먹는 것조차 싫었다. 화병인 건지 반항인지 모르겠다. 분명 먹으면 체할 건 뻔할 테니. 완벽주의와 결벽증까지 있는 내 모습을 돌이켜 보니 이건 분명 남들이 보면 미쳤다고 말할 수 있는 일이었다. 게다가 너그럽지 못한 누나, 언니였으니, 동생들의 고충이 심했을 듯하다.

삶을 버텨내는 모든 것들에 압박도 있었고, 최소한의 신경 쓰는 걸 줄이기 위한 나의 최선책이었는지도 모르겠다. 신경 쓰지 않는 다른 해결책이 결벽증이 아니었을까 싶다. 있는 그대로, 깨끗한 상태로만 있어도 마음은 편했으니까. 남들은 결벽증이 있는 나를 보면 유난 떤다고 하지만 나는 결벽증이 있어도 특별히 남들에게 피해를 준다거나 나를 스스로 힘들게 한다고 생각해 본 적은 없었다.

결벽증과 맞바꾼
굶주림

일본 유학을 떠나서 생활비와 학비를 벌면서 공부하는 부담감은 심적으로 컸다. 학비와 집값을 감당하기 위해서는 개인적으로 먹고 입는 다른 생활비를 충당하기엔 내가 버는 아르바이트로는 감당이 어려운 부분도 있었다. 먹고 입는 부분에서 돈을 아껴 학비와 집값을 감당해야 했었다. 타국에서의 생활과 혼자 벌고 생활하고 공부해야 한다는 생각만으로도 늘 배가 고팠다. 먹어도 배부르다는 생각은 들지 않고 허기만 졌다. 편의점에서 유통기한이 임박한 빵이나 양 많은 우유로 배부르게 먹을 때는 먹을 수 있는 음식이 나에게 주어졌다는 것이 감사했다. 매일 먹는 밥도 투덜거리며 음식 타박하며 지낼 때도 있었는데 못 먹어서 굶어보니 모든 게 나에센 사치스러웠던 일들이었다.

결벽증 또한 잘 먹고 지냈던 과거의 사치스러운 이유뿐이었다. 배고프면 환경과 상황이 개의치 않았다. 냄새나는 마구간에서도 먹을 수 있을 만큼 굶주린 배를 채우기 바빴다. 허기진 배를 채우는 것, 먹을 수 있다는 것이 감사했고, 입맛에 맞는 음식이 아니어도 배고픔을 느끼지 않게 하는 것이 그냥 감사했다. 비위가 약해 편식이 심했던 것도 어쩌면 여유로운 사치에 불과했던 삶이었다. 모든 게 넘치는 상황에 살면 감사함이 없어지는 것을 알았다. 나 또한 그렇게 사는 것이 당연한 줄 알았고 그렇게 살아왔다.

바뀌고 싶다면 익숙한 곳에서 벗어나라

사람들은 변화를 좋아하는 것보다 익숙한 것과 타협하는 편을 선호한다. 무엇인가를 변화를 원하고, 도전하기를 바라면서도 선뜻 움직이지 않으려고 하고 안주하려 한다. 내가 일본이라는 환경 변화가 없었다면 결벽증도 나아지지 않았을 것 같다. 오히려 결벽증으로 스스로를 피곤하게 만들어 까칠하고 예민한 성격으로 허덕이며 살지 않았을까 하는 생각이 든다.

일본 유학 생활을 통해 비위가 약해 편식했던 습관도 정리가 되었다. 고쳐지지 않는 습관은 없을 것 같다. 단지 익숙함에서 벗어나고픈 의지가 약하기 때문이라고 생각이 든다. 지독한 결벽증으로 식당에서 나오는 수저도 사용하지 않고, 젓가락은 뜨거운 물에 소독하며 꽤 유난 떨었던 행동도 하지 않는다. 행동이 달라지니 성격도 제법 유해진 것 같은 기분이 들었다.

환경은 나를 불편하게 만들기도 하고 까칠하게도 살아가게 하지만, 환경을 통해서 변화의 기회를 주기도 하는 것 같다. 바뀌고 싶다면 익숙한 곳을 떠나보면 느끼고 알게 되는 것이 많아지는 것 같다. 특별히 자신이 어떤 사람인지 가능성도 알 수 있다. 살면서 자신과 끊임없이 타협하며 살아가는 사람들을 많이 봐 왔다. 나이가 많아서, 배우지 못해서, 머리가 나빠서 자신의 한계를 단정 지어 더 이상의 전진 없는 사람들을 심심찮게 봐왔다. 머문 곳에서 살짝만 벗어나면 스스로 몰랐던 부분도 알게 되고, 안될 것 같은 상황도 발전시킬 수 있는 계기가 생긴다. 해보면 알게 된다는 사실.

가난한 마음,
배움의 기쁨으로 극복하라

가끔 가난이 나에게 준 가장 큰 선물이 무엇일까에 대해 생각해 보게 된다. 주어진 환경만 탓하면서 살아온 삶이라면 불행한 사람 중에 나도 꽤 불행한 사람이었을 것이다. 가난했던 어린 시절부터 지금까지의 삶을 돌아보면 감사한 일들이 더 많은 것 같다.

어릴 때 엄마가 없다는 이유만으로 친척들에게 많이 들었던 말은 '부모 없어 못 배운 놈들'이란 말이었다. 세상에서 가장 듣기 싫었다. 부모 없는 게 내 탓이 아닌 것 같은데 꼭 내 탓인 것처럼 말했다. 오히려 남들이 무서운 게 아니었다. 친척이란 사람들이 더 무섭고 매정하고 차가운 사람들이었다. 엄마가 없는 것도 서러운 나에게 부모 없어 못 배웠다는 말로 마음에 비수를 꽂았다. 그들의 말들이 지금도 여전히 한으로 남아 있는 것 같다.

그 말이 나에게 크게 작용했는지 배울 기회만 생기면 도전하고 싶고, 배워서 내 것으로 만드는 일이라면 돈을 들여서라도 배우고 싶은 열정이 컸던 것 같다. 그래야 그들에게 이기는 일이라고 생각했다. 뭐 오기라고 해도 좋다. 어찌 됐든 배우는 게 나쁜 일은 아니니까. 주변 친척들은 특출나게 빼어난 성품을 가진 사람들도 아니고, 그렇다고 많이 배운 사람들도 아닌 것 같은데 본인들은 얼마나 배우고 훌륭한 성품을 가졌다고 나무라고 야단쳤을까 싶다.

"너희 다 잘되라고 야단쳤다"라는 말이 썩 고맙게 들리진 않았다. 사랑도 없는 그들이 무슨 야단을 그럴싸하게 치고 싶은데 변명할 명대사 하나쯤은 있어야 하니까 필요했겠지. 본인들의 훈계가 마치 엄청난 영향력이 있어 성품 개조가 일어날 것처럼 생각했나 보다.

나에게 친척은 찾고 만나고 싶은 사람들이 아닌 거부감만 드는 사람들이다. 먼저 챙겨주고 보살펴 줘야 할 사람들이 우리를 고아로 내버렸다. 오히려 남들의 도움과 보살핌으로 살아왔다. 친척이란 사람들은 그런 존재들이 돼버렸다.

못 배운 놈 콤플렉스 깨기

사람들에게 싫은 소리 듣는 것도 싫었고, 못 배워서 이러쿵저러쿵 말 듣는 것이 싫어서 차라리 남들에게 피해 주지 않고 좋은 사람이란 말을 듣고 사는 게 좋았다.

요즘 '착한 아이 콤플렉스'를 내가 가졌는지 모른다. 나는 가정교육을 제대로 못 배운 티를 내기가 싫었다. 그래서 하나부터 열까지 스스로 배우고 깨우치는 데 민감하게 듣고 배우고 습득하는 것에 습관이 되었다. 한 번 들으면 잃어버릴 것 같아 반복적으로 듣거나 메모를 해서 자연스럽게 기억나도록 익히는 편이다. 반복 학습으로 충분히 습득력이 생겼다.

모르면 반복해서 듣고 기록하고 외워서 내 것으로 만드는 것이 처음엔 어려웠고, '이렇게까지 해야 하나'라는 생각에 포기하고 싶을 때도 많았다. 그러나 무엇이든 귀를 열고 배우지 않으면 성장이 멈춘 것 같은 생각이 나를 짓누르는 것 같아서 포기할 수 없었다. 나에게 배움은 지식적인 공부도 중요하고, 사람과의 관계를 통한 배움도 중요했다. 부모로부터 배우지 못한 행동들이 불쑥 드러날까 봐 두려웠던 것 같다.

아버지가 살아계실 때 늘 하시던 말이 생각이 난다. "홀애비 밑에서 자라서 못 배웠다"라는 말. 아버지는 무엇이든 가르쳐 몸에 익히도록 부단히 알려 주셨다. 가정교육을 받은 건지, 가정 살림을 배웠는지 지금도 헷갈린다. 아무래도 살림을 잘 사는 법을 배워온 것 같다.

자기주관 없이 사람들 말에 휘둘리며 상처받았던 20대, 웃는 얼굴에 침 못 뱉는다고 밝게 웃고 다니라는 말에 웃고 다니니 또 어떤 사람들은 웃음이 헤프다는 말에 화살처럼 날아와 내 마음에 상처가 되었다. 웃어야 할지 무표정으로 살아야 할지 모를 정도로 남의 말에 영향을 많이 받았다.

그래서 책을 읽게 된 계기가 되었다. 책을 읽지 않으면 앞으로도 여전히 사람들 사이에 휘둘리며 살 것 같은 불안감도 있었고, 책을 통해 얻고 싶은 것들이 많았다. 내가 원하는 것이 무엇인지, 문제를 대면했을 때 해결하는 방법들을 어떻게 풀어나가는지도 알고 싶었다. 그러면서 장르 불문하고 책을 읽기 시작했었다. 다양한 사람들의 이야기로 다양한 경험들을 간접적으로 느끼면서 도전하고 싶은 욕구와 두려움으로 움츠렸던 부분들을 이뤄가는 과정에도 담대함도 생기고 혹은 실패할지라도 좌절하지 않는 마음도 덤으로 얻은 것 같다.

내가 하는 일에 전문적인 공부도 필요했다. 피부 미용에 대한 전문적인 지식도 쌓아야 하고, 단순히 배운 기술로만 가지고 살아가기엔 전문적인 지식이 부족해서는 상담이 되지 않을 것 같아서 일요일도 반납하고 공부했다. 공부는 하면 할수록 만족하는 것이 아니있다. 부족한 것들이 더 많아지는 것을 알게 하고 그래서 그 부족한 부분을 계속 채우고 배우려 하다 보니 공부를 끊임없이 하는 것 같다.

직장 생활을 하면서 고교 시절 꿈이였던 작가가 되고 싶어 시나리오 작가가 되기 위해 강의를 접수하고 들었던 적이 있었다. 세상엔 만만한 직업이 없다. 남이 하면 쉬워 보이는 일들이 직접 경험해본 결과는 내 일이 아니었기 때문에 쉬워 보였을 뿐이었다. 시나리오 작가 공부도 많은 시간을 투자하거나 집중적으로 배우진 못했다. 한 번도 접해보지 못한 시나리오 작가라는 부분을 공부했던 시간만큼은 나에게 의미 있는 시간이었다. 적당히 공부해서 직업을 가질 만한 것이 아무것도 없었다.

좋은 결과만이 배움의 완성은 아닌 것 같다

며칠 시나리오 수업을 듣고 도저히 내가 할 수 있는 분야는 아닌 것 같아 일찍 포기했다. 배우면서 적성에 안 맞으면 그만둘 수도 있다. 나는 수없이 배우고 포기하고 또 배우기를 반복하며 살아왔다. 몸으로 익힌 기술이든 지식으로 배워 놓으면 언젠가 쓸 수 있는 날이 온다.

돌이켜 생각해 보면 취미든 해보고 싶은 것이 많아서 조금씩 배워둔 게 고마울 때가 많이 있다. 특별히 무엇인가 할 일 없이 있을 때가 있다. 그럴 땐 책 읽는 것도 피곤해서 다른 뭔가 뒤적뒤적하다 그냥 시간 때우기 식으로 시간을 버리는 것이 허다하다. 그럴 때 취미로 배워둔 꽃꽂이, 프랑스자수, 코바늘, 인형 만들기로 시간을 보낼 때가 종종 있다.

가만히 있어도 시간은 지나간다. 지나간 시간 동안 결과물로 만들어 놓은 것들을 보면 흐뭇하다. 물론 지금도 그렇다. 취미로 배우든 지식을 위한 배움이든 무엇이든 배울 수 있는 시간이 주어진다면 과감하게 도전하고 배울 것이다.

가난, 미니멀리즘을 통해 적극적으로 실천하다

나의 인생은 미니멀 라이프를 향해 가고 있다. 시간이 갈수록 소유하려는 것보다 덜 소유하려고 한다. 예전엔 공간을 빈틈없이 채워 넣어야 직성이 풀리는 성격이었다. 뭐든 가득 채워져 있으면 마치 부자가 된 것 같은 편안함이었다. 지금은 욕심으로 많은 것을 가지고 채우려 하는 것보다 덜 가지고 포기하고 버리는 일들을 선택하는 쪽이다. 욕심내서 많은 것을 가지려 하는 것보다 불필요한 것에 애써 욕심을 내려고 발버둥 치지 않는다.

과거엔 마음에 드는 옷이나 신발이 있으면 적당히 사는 법이 없었다. 색깔별로 디자인이 다른 것으로 사두는 성격이었다. 스스로 돋보이고 싶은 욕구에서 생긴 집착 때문이었을까. 갖고 싶은 물건이 있으면 바로 사야 했고, 사지 않으면 후회감이 밀려와 무조건 사서 쌓아두는 일이 생겨도 꼭 샀다. 갖고 싶었던 물건들이 차곡차곡 쌓이는 것을 보면 만족감과 희열을 느꼈다.

물건에 대한 집착이 심했던 내가 잦은 이사로 인해 물건도 버리고 싶을 만큼 육체적 정신적 고통이 찾아왔다. 이삿짐을 옮기고 정리하는 피로감이 컸고 시간을 많이 빼앗겼다. 집안에 가지고 있는 물건들을 따지고 보면 사용하지 않는 물건, 입고 신지도 않는 것들로 가득했다. 노력에 비하면 가치가 없는 것들로 시간과 힘을 빼앗기고 있었다. 보상이 있는 것도 아닌데 말이다.

결국엔 버려지는 물건들을 끌어안고 보물처럼 간직하며 살았다. 낡고 고장 나서 쓰레기로 버려질 물건들을 왜 끌어안고 집착했을까 싶다. 아무리 비싸게 사도 시간이 지나면 물건의 가치는 떨어지고 마는 것을. 그러고 보면 참 미련스럽게 살아온 나였다. 물건들을 보면서 내가 살아왔던 내 삶의 결과물인 것 같아 입고 신지 않던 옷과 신발들을 먼저 정리했다. 생활의 모든 부분을 심플하게 정리를 했다. 되도록 물건들을 늘리지 않은 방법으로 실용적인 면을 더 따졌다. 미니멀하게 살아가도 부족하지 않겠다는 결론을 내렸다. 가지고 있으면 또 쓸 일이 생길 거란 생각부터 바꿨다.

캠핑 같은 삶 최소한의 것들로 누리는 즐거움

필요 이상의 과한 욕심을 부리지 않고 사는 것이 더 행복했다. 지금도 마찬가지다. 많이 채우고 사는 것에는 평생 만족하며 살겠다는 생각은 하지 않는다. 가지면 가질수록 더 가지고 싶은 욕심 때문에 만족감이라는 게 생길까 싶다. 미니멀하게 사는 것 자체가 만족감이 크다. 비우는 것엔 욕심이라는 게 생길 수 없는 것 같다. 개인적인 느낌이겠지만 말이다.

친구들은 필요 없는 물건들을 자연스럽게 버리는 나를 보면 '가지고 있으면 또 언젠가 쓸 일이 생길 텐데 왜 버리냐'고 하지만 또 쓸 일은 그다지 생기지 않았다. '이가 없으면 잇몸이라고' 무조건 필요하면 사야 하는 것보다 다른 무언가로 대체할 수 있는 게 있을까 하는 생각에 생각을 조금 더 해보게 된다. 물건 만큼은 없으면 생각하지 않고 필요하면 그때마다 사놓고 보는 성격이었다. 그럴수록 넘치게 많아지는 건 물건들뿐이었다.

요즘 주변에서 미니멀 라이프로 살아가려고 하는 사람들

이 많아지는 것 같다. 아마도 나와 같은 경험을 가진 사람들이 많았을 것 같단 생각이 든다. 지인분들 소개로 집에 놀러 갈 때가 종종 있다. 예전하고는 다른 집안의 풍경을 볼 때가 있다. 각자의 이유에 따라 최소한의 물건들만 가지고 심플하게 살아가는 사람들이 많아졌다는 생각이 들었다.

화려한 기교를 부리거나 무언가를 많은 걸 표현하는 것보다 심플하면서 멋스러움을 드러내는 것이 이제는 좋아진다. 많은 것들을 가지고 욕심을 부렸던 과거보다 과하게 욕심을 부리지 않고 가지고 있는 것에 감사하고 즐기는 삶이 좋다. 넘치게 가지려 아둥바둥 살아보려고 했을 때보다 훨씬 삶의 만족도는 높다.

조금 불편하게 살아가는 것이 지혜

집에 텔레비전을 들여놓지 않는지도 6년이 넘었다. 전자렌지, 밥솥도 없다. 집에 밥솥이 없다고 하면 어떻게 밥을 해서 먹냐고 궁금해하는 사람들이 많다. 냄비 밥을 해서 한 끼 식사할 정도의 양만 해서 먹는다. 최소한의 살림살이로 살아가고 있다. 부족하면 부족한대로 지내게 되면 다른 방법으로 해결할 수 있게 된다. 아마음식 할 때마다 필요한 것들을 다 샀다면 우리 집은 초토화 만물상이 되었을 것이다. 앞으로도 넘치는 것들이 느껴지면 최소한의 삶을 살아가고 유지하고 싶다. 눈에 보이는 무언가를 계속 채워나가는 삶보다는 비워내며 사는 삶이 더 좋다.

시간이 갈수록 생활에 편리한 기능들 때문에 가지고 싶은 것들도 늘어날 것이다. 편리한 기능을 가진 물건들을 사용하면 몸은 편할 수 있다. 나는 그럴수록 덜 편리한 쪽을 선택한다. 왜냐면 생활이 불편하면 몸을 부지런히 움직여야 하고, 생각하고 일을 해야 할 일들이 생긴다. 미니멀하게 살아보기 위해서 최소한의 물건들로만 가지고 생활하는데 몸은 더 바쁘다. 비워내기 위한 정리가 필요하기 때문이다.

호주 유학으로 또다시 느꼈던 나의 가난함 극복기

드라마에선 외국 유학을 떠나면 성공해서 돌아오는 경우가 많이 나온다. 드라마의 유학 성공기만 많이 봐선지 유학을 떠나 돌아오면 나도 그렇게 되는 줄 알았다. 드라마에선 유학을 통해 성공하게 되었는지 과정이 없다. 그러니 터무니없는 상상력만 가지고 성공에 대한 목표만 노렸는지 모르겠다.

호주 유학을 떠날 때 계획을 세운 건 없었다. 모든 걸 현장에서 부딪히며 경험하고 상황을 대처하는 일밖엔 없었다. 현지에서 어학원을 가고, 대학 진행만 목표로 하고 현금 30만 원만 든 채 비행기에 몸을 실었다. 유스호스텔 예약만

해두고 현지에서 모든 걸 알아보고 움직일 계획이었다.

부모한 도전이라는 말을 머리에 세뇌가 될 정도로 많이 들었다. 틀린 말은 아니지만 이렇게라도 도전하지 않으면 준비만 하다 시간만 보내는 꼴이 될 게 뻔했다. 한국에선 다람쥐 쳇바퀴 돌 듯이 사는 것이 나태하고 지루했다. 언제나 마음 한쪽은 기회만 노렸다. 어디론가 떠날 곳이 생기면 생기가 돌고 사는 이유가 생기는 것 같아 어떤 상황에도 버틸 수 있는 유일한 출구였다. 숨을 쉴 수 있는 산소 호흡기 같은 것.

가진 것이 없어서 몸이 먼저

내 형편, 돈 없는 현실에 타협하고 안주하고 머물러 사는 인생이 싫었다. 만약 형편 때문에 배우지 못한 핑계만 댄다면 이유와 변명에 능한 사람이 되어있었을지 모르겠다. 유학자금을 마련해줄 부모도 없고 그렇다고 모아둔 재산이 많아 넉넉하게 유학을 떠날 형편이 못되었기 때문이었다. 나로선 최선이었다. 떠나서 부딪혀 보는 것만이 답이었다. 준비하는 과정보단 행동으로 실행하는 것이 시간을 아끼는 방법이었다. 물론 준비가 부족했던 시간만큼 감당해야 할 일들이 많이 생기기도 했다. 룸메이트 찾기, 생활비를 벌기 위한 아르바이트할 곳 찾기, 어학원 찾는 일부터 이런 부분까지도 떠나기 전 고민하는 것보다 현지에서 부딪히며 찾아보고, 알아보는 방법을 선택한 편이다.

상황에 부딪히게 되면 살아가기 위해 뭐든 다 하게 되어 있다. 처음부터 잘하는 사람은 없다. 유스호스텔에 도착해 체크인하는 과정에서도 바디랭귀지가 시작되었다. 떠듬떠듬 겨우 짧은 영어로 체크인하고 방으로 들어가니 온통 서양인들뿐이었다. 이층침대 6인실을 사용하는데 사람들과 눈이라도 마주칠까 봐 눈만 피해 다녔다. 외국 친구들이 인사하면 가볍게 인사만 하고 자리를 피해 다녔다. 영어가 안되니 잠이라도 자는 게 낫겠다 싶어 침대에 누웠다. 장거리 비행시간에 지쳐 있었기도 했고, 흔들리는 비행기에 멀미에다 속이 한동안 매스꺼워 정신이 없었다.

지친 몸을 위해서 낮잠을 잤다. 몇 시간을 자고 일어나 시계를 보니 오후 8시가 넘었다. 눈을 떠서 본 호주의 오후 8시는 대낮같이 밝아서 밤이 없는 나라인 줄 알았다. 해가 얼마나 긴지 이상한 나라에 온 것 같은 기분이 아직도 생생히 떠오른다. 유스호스텔 주변 길들을 익히기 위해 다운타운 시티로 나갔다. 한가로운 주택 사이로 사람도 없는 적막함도 적응이 어렵고 길을 걸어 다닐 수 없을 정도로 시야를 좁게 만드는 파리 떼는 왜 그렇게 많은지 당황스러우면서도 재밌었다. 공기도 맑고 깨끗한 나라에 파리가 많다는 게 아직도 이해가 되지 않았다. 너무 깨끗해서 파리가 많은 걸까?

허기진 배를 채우고 주위를 둘러봤다. 멜버른 시티에서 한인교회에서 나와 전도하는 사람들을 만나 인사를 하고, 지낼 집을 알아보고 있다고 하니 룸메이트 찾는 친구가 있는데 소개해 주겠다는 말에 도움을 받았다. 사람 사는 건 다 똑같다고 한다. 그런데 생각해 보면 서로 다른 가정환경에서 다른 사람이 만나면서도 문제가 생기는데, 문화가 다른 나라에서 적응하며 살아야 한다는 건 쉬운 일은 아니었다.

"누가 죽었어? 그만 울어" 식당 사장님의 한 마디

호주에서 생활하기 위해서는 일자리부터 찾아야 했다. 먼저는 기본 생활부터 해야 했기 때문이다. 한국에서 전 재산으로 가지고 온 30만 원으로는 생활하기 힘들었다. 며칠 먹을 식량만 사더라도 없어질 돈이라 한인 신문으로 아르바이트할 곳을 찾아다녔다. 영어는 실력이 되지 않아 서빙을 보는 건 힘이 들었다. 여러 조건을 따질 처지가 아니었기 때문에 그나마 영어를 못해도 가능해 보이는 주방보조일 시간제 아르바이트를 시작했다.

주방 업무의 기본은 테이블 옮기기, 100인분 쌀 씻고 밥 짓기, 양파 까기, 양파 썰기, 음료수 상자 옮기고, 바닥 쓸고 닦고 정리하기였다. 일도 힘들었는데 일을 시키는 사장의 태도가 불쾌했던 기억이 난다. 양파를 까고 써는 기억은 평생에 슬픈 기억으로 남아 있을 듯하다. 10년이란 시간이 흘러도 여전히 그때의 기억이 지워지지 않고 생각나는 이유겠지. 백 개가 넘는 양파를 까며 눈물을 훔치며 일하는데 "누가 죽었어? 그만 울어"라는 말이 가슴에 콕 상처로 남아버린 것이었다.

누군가에겐 용돈 벌이로 아르바이트를 하는 사람도 있겠고, 나에겐 생계형이고 수업료를 낼 돈을 버는 일이었다. 용돈 벌이로 돈을 번다면 자존심은 덜 상할 것 같다는 생각이 들었다. 혼자 벌어서 생활하는 형편인 내가 무시를 받는다는 생각이 드니까 자존심이 상했다. 유학생들 대부분 돈이 부족해 아르바이트하는 경우가 많다는 생각 때문인지 사람들을 막 부리는 얕은 생각을 가진 사장들이 있다. 내가 호주에서 일한 식당이 딱 그런 유형의 사장이었다. 가난은 죄가 아닌데 이렇게라도 돈을 벌어 생활하려고 열심히 사는 사람들을 무시하는 것 같아 속상했다.

가게 여사장님은 서빙을 하는 게 낫지 않냐고 하셨다. 서비스업에 오래 일을 해서인지 사람들에게 웃으면서 친절하게 대하는 것도 지쳐서 하기 싫었다. 상냥하고 활발한 성격도 아니어서 사람들 앞에서 친절을 과장해 서빙하는 일은 식당에서만큼은 더더욱 하고 싶지 않았다. 구석지고 보이지 않는 주방 안에서 조용히 혼자 일에만 집중하고 싶었다.

지금 생각해 보면 주방보조는 감당하기 너무 어려운 일이었다. 그렇지만 선택의 폭이 좁고 내가 할 수 있는 유일한 아르바이트였기 때문에 감지덕지한 마음으로 맡은 일에 열심히 했다. 일은 고되고 힘이 들었다. 건장한 남자들이 주방보조 일을 해도 힘들다고 일주일도 못 버티고 나가는 경우가 허다할 정도로 빡센 일들이었다.

지나고 보니 잘한 일이었구나

여사장님은 한국에 있을 때 어떤 일을 했냐고 물었다. 피부관리 서비스업에 종사했다고 하니 그쪽 일을 하는 지역을 알려주며, 주방일을 하는 것보다 그 일을 하는 게 잘 맞는 것 같으니 면접을 보라고 했다. 기존에 하던 피부 관리만 할 때는 이 일이 하기 싫다고 느껴질 때가 많았는데 주방 일을 하다 보니 지금까지 편한 일을 했다는 생각이 번쩍 들었다. 어쩌면 전문적인 일을 하는 것이 안정적인 수입이 생기고, 오래도록 해왔던 일이었기 때문에 잘할 자신감도 있었다.

면접을 보고 피부 관리 일을 다시 시작하게 됐다. 아로마 향기도 좋고 조용하면서 고객 관리를 하는 것이 새삼 새롭게 느껴지는 계기가 되었다. 주방보조 일을 할 때보다 안정적인 수입도 생기고, 호주에서 피부 일을 하는 것이 한국에서의 일할 때와는 환경이 달라서 그런지 색다르고 재미가 있었다. 새로운 환경에서 피부 관리 일은 다른 매력이 있었다. 사람의 손으로 하는 일은 인건비도 높고 대우도 달랐다. 전문가로서 인정해 주고, 잘한다는 소문으로 고객이 늘어나면서 2호점까지 오픈하는 반응을 보면서 보람도 있었다. 체계적이고 고객 응대 서비스 부분에서도 배우고, 더 전문적으로 실력을 쌓을 수 있었다.

생계형 직업인 피부 관리 일이 싫어서 20대 직업 반항기가 있었다. 그래서 이런저런 취미생활로 월급의 반 이상을 투자하며 배웠지만, 돈벌이가 될 만한 일들은 찾아보지 못했다. 호주 유학을 와서 주방보조 일을 하면서, 잘한 일만큼 잘 해나갈 일도 없었던 것 같다. 관점이 바뀌어 기존의 일을 새롭게 바라보게 되니 피부관리가 재밌고 보람 있다. 치열하게 방황하며 경험한 이 시간이 성장의 계기가 되었고, 가난한 삶을 쫓아낼 수 있었다.

내겐 돌아갈 곳이 없다

호주 유학을 끝내고 한국에 들어왔을 때 갈 곳이 없었다. 돌아갈 집이 없었다. 두더지도 집이 있고, 하늘을 날아다니는 새도 둥지로 돌아갈 집이 있는데 난 어디로도 갈 곳이 없었다. 추운 겨울 인천공항의 바람은 매섭게 느껴졌다. 몸 하나 누일 곳도, 기댈 곳도 없다는 현실 때문인지 피부로 와닿는 차가운 바람은 춥고 서럽도록 미웠다.

고향을 떠나 서울에서 생활한 지 10년도 훌쩍 지났다. 어디에 있어도 몸만 빠져나오면 갈 곳 없는 건 지금도 마찬가지다. 내 소유의 집도 없고 의지할 부모도 없으니 말이다. 지금은 집과 직장을 다니면서 지내다 보니 어디론가 나갔다가 들어갈 곳이 있다는 것만으로도 위안이 된다. 부모님이 계셔서 갈 집이 있다면 얼마나 좋을까. 의지할 누군가 곁에 두고 살아간다는 건 무의식에서의 위안이고 힘을 얻는 충전소와 같은 것이라 생각한다.

비빌 언덕이라도 있었으면

모든 것을 혼자 하는 것에 익숙해져 지금은 당연한 일이 돼버렸다. 가끔은 충전이 필요할 때 고향의 부모님을 만날 생각으로 돌아갈 곳이 있다면 좋겠다는 생각은 한다. 누군가에게는 있는 것이 나에겐 없다는 것이 못내 아쉬움은 남는다.

고향을 떠난 지도 20년이 넘었다. 고향이라 해서 찾아가도 역시나 그곳도 낯선 곳이 되어버렸다. 아버지는 지병으로 세상을 떠나고, 동생들과 나는 각자 다른 곳에서 생활하면서 우리들의 고향은 추억의 장소로만 남아 있다. 20년 동안 서울에서 생활하고 서울을 벗어나면 포항에 사는 동생들을 보러 가끔 내려간다. 두 동생은 결혼해서 지금은 안정적으로 생활하고 있지만 불안한 20대의 우리 셋은 살벌하게 살아내기 위해 몸부림을 치며 살아왔다.

가정을 이루고 살아가는 동생들 집에 마음 편하게 갈 수도 없다. 서로가 불편한 상황들을 만들고 싶지 않아서 시간적 여유가 생기면 그냥 혼자 시간을 보내는 편이다. 어쩌면 한국이란 곳도 나에겐 조금 익숙한 외국 생활과 다를 게 전혀 없는 곳이다.

서울에서 만난 언니에게 신세를 졌다. 한 달 가까이 언니 집에서 먹고 자면서 생활을 했다. 언니와 함께 지내면서 부모님이 계시고, 입고 먹고 자고 의식주가 해결되는 곳이 있다는 것이 너무 부러웠다. 남들이 부러워할 만큼 좋은 집이 아니어도 편안히 눕고 생활할 수 있는 공간에 가족이 있다는 것이 좋아 보였다. 들어갈 곳이 있고, 기다려주고 챙겨주는 사람이 있다는 것이 부러웠다.

어디를 가야 할지 고민하지 않아도 될 집이 있다는 것과 마음 편히 머물 수 있는 곳이 있다는 것은 기댈 곳이 있다는 것이다. 남들에게 있는 당연한 삶을 나는 누리지 못한다는 것에 아쉬움이 컸다. 우리가 당연히 가지고 누리는 것들에 대해 고마움을 잘 모르고 살 때가 많다. 우리가 당연히 누리는 것에서 잃어버리거나 빼앗겨 보면 그것들이 얼마나 소중한 것인지 알게 된다. 그래서 후회라는 걸 하는지도 모르겠다.

감사 씨앗 뿌리기, 상황에 불만보다 감사

무엇을 더 가지려고 하는 것보다 가지고 있는 것들에 대해 조금 더 관심을 가지고 감사하며 살아야 하지 않을까. 가진 것에 대한 고마움 그리고 내게 있는 것에 대한 고마움을 더 알아가는 것이 새로운 것들을 더 많이 가지는 것보다 훨씬 가치 있는 게 아닐까 생각이 든다. 마음 편한 곳에 몸담고 살아가는 것이 얼마나 감사한 일인지 경험 없인 알 수 없는 삶이다.

갈 곳 없는 나는 아는 언니로부터 도움을 받아 짧게 지내면서 마음의 부담감마저 내려놓진 못했다. 일자리를 알아보고 첫 월급을 받고 하숙집으로 몸을 옮겼다. 열악한 생활이지만 마음의 부담감이 줄어드니 다른 생활이 조금 불편하더라도 참을 수 있었다. 내 공간이 있다는 것만은 편했다. 불편한 생활도 시간이 지나면 익숙해지는 것 같다. 여러 다른 환경에서 살아본 경험이 있어 적응력은 빠른 편인 것 같다.

호주를 다녀오고 인천공항에 내렸을 때 내 삶은 한순간 아찔했다. 어디에도 갈 곳이 없는 사람이 돼버렸다는 생각에 절망감이 들었다. 불빛도 빛을 낼 장소가 있는데 나는 우두커니 갈 곳 잃은 고양이마냥 마음이 처량했다. 어디론가 떠난다면 다시 돌아올 생각 없이 떠나야 마음이 편하다. 예전에도 그랬고, 지금도 여전히 돌아갈 곳도 돌아올 곳도 없는 내가 있는 곳 외엔 어떤 곳도 나를 기다리고 있는 사람도 집도 없다. 지금 있는 곳에서 열심히 살아가는 방법밖엔 없다. 돌아갈 곳이 없었기 때문에 살아 내야 하는 방법을 위해 버텨내고 있는지도. 오늘도 여전히!

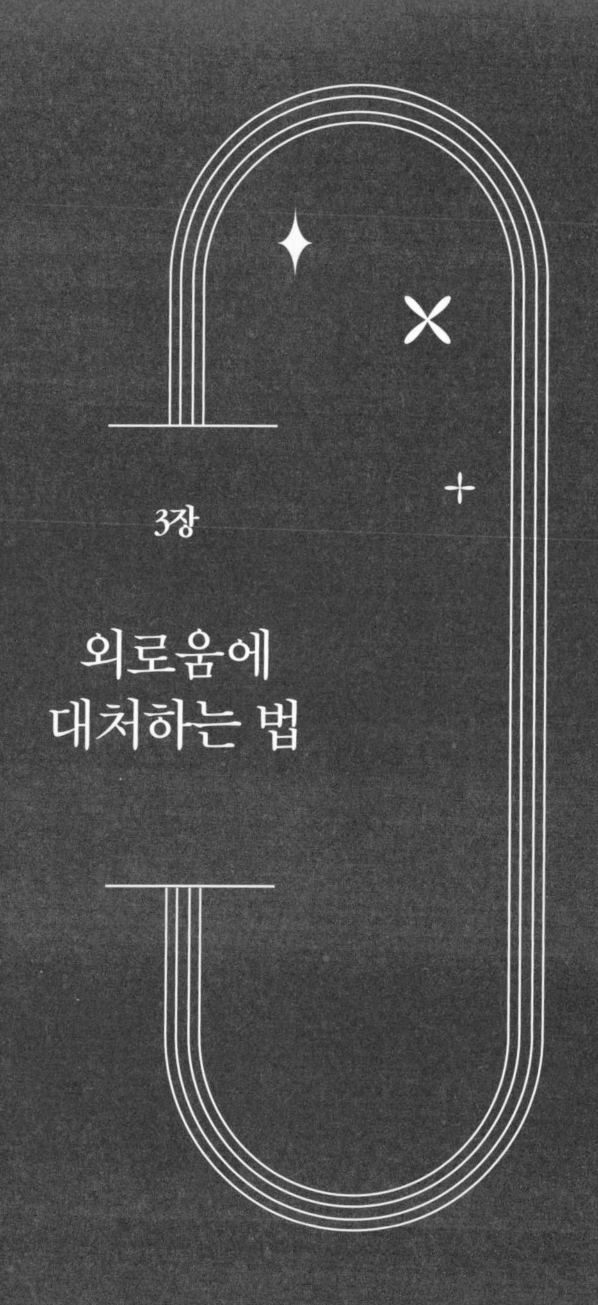

3장

외로움에 대처하는 법

외롭다면 내가 먼저 사랑하자!

텔레비전에 나오는 사람들을 보면 어른이지만 아이 같은 사람이 있고, 어리지만 어른 같은 아이들을 볼 때가 있다. 나이를 많이 먹었다고 해서 어른이 되는 것은 아닌 것 같다. 나는 어릴 때부터 조숙하다는 말을 많이 들었다. 의젓한 모습과 생각이 나이답지 않아서 또래 아이들보다 어른스러워 조숙하다는 말을 많이 들었던 이유가 된 것 같다. 또래 친구들과는 다른 환경 때문에 일찍이 성숙해버린 자신이 불쌍하고 가엾기만 했다. 그런 삶의 상처로 어른이 되어버린 어린 나를 잘 표현한 시 구절이 오래도록 기억에 남는다.

'봄이 채 오기도 전에 꽃을 피우는 목련꽃'이란 글귀가 나를 보는 것 같아 위로를 받았던 기억이 난다. 어른이 채 되기도 전 철든 아이의 삶을 살아야 했던 나. 나는 나로서 살아본 시간이 별로 없었다. 소녀 가장이란 무게감에 짓눌려 살아서 그랬을까. 외로움은 컸고 받아보지 못한 사랑에 대한 그리움과 아쉬움이 함께 커온 것 같다.

삶의 짊어진 무게만큼 책임감도 늘 따라다녔다. 부모의 관심 안에서 사랑받으며 투정부리는 친구들을 보면 부러웠다. 그런 시간을 가져보지 못한 관심과 사랑에 대한 갈급함이 남아 있는 것 같다. 관심받은 상대가 있으면 그런 상대가 나에 대한 무관심이 느껴질 때면 섭섭한 감정을 드러내 보일 때가 있었다. 어쩌면 성인이 된 지금도 여전히 아물어지지 않는 부분이 있는 것 같다.

바보 같아 보여도 사랑받고 싶을 때가 있었다. 관심받고 사는 게 어떤지 알게 되니 사랑받지 못했던 시간을 보상이라도 받고 싶은 건지 그래서 나에게 관심을 주지 않으면 섭섭한 감정 표현으로 관심 끄는 행동을 보여서라도 사랑받고 싶은 사람이었다. 어른이 되면 사랑을 받는 것에 대한 감정은 무뎌지는 줄 알았다. 그렇지만 표현의 방법은 달라도 우리는 누구나 사랑받고 싶어 하는 것 같다. 단지 표현하지 않을 뿐.

애정결핍이 만들어 놓은 관심종자

초등학교 때 가난한 집안 때문에 친구 없이 외롭게 지내기도 했고, 아버지의 목수 직업으로 전학을 많이 다녔던 기억이 난다. 어디를 가든 친구들 사이 부모 없다는 놀림은 꼬리표처럼 따라다녔다. 엄마 없다는 건 말하지 않아도 어떻게 아는지 티가 났었던 것 같다. 초등학교 3학년 때쯤 엄마 없는 애라는 말은 학교 다니기 싫을 만큼 듣기 싫었다. “엄마 없는 재랑은 놀지 마”라는 말이 유행처럼 돌고 돌았고 나에게 돌아와 상처가 됐었다. 사실인 것을 사실로 인정하면 되는데 그때는 아무래도 받아들이기가 힘든 나이였다.

그래서인지 친구들과 선생님에게 관심받고 싶은 일이라면 적극적으로 행동했다. 시 암송을 해서 먼저 손들고 외운다거나, 장기자랑 시간이면 제일 먼저 해서 관심을 끌고자 했다. 지금 생각하면 부끄러운 일이지만 작사 작곡을 즉흥적으로 지어 노래를 불렀다.

생각나는 노래는 없었고 가사도 못 외우니까 우선 먼저 나가서 노래를 불러야 관심을 끌 수 있었다. 무슨 노랜지 몰라도 앞에서 노래 부르는 모습에 웃겼는지 친구들은 좋아했다. 그런 친구들의 반응에 덩달아 신나서 책 읽기, 발표하기에 열을 올렸다. "장기자랑 누가 해볼래?" 하면 제일 먼저 손 드는 사람은 나였다.

초등학교 수업시간에 동시 짓는 시간이 있었다. 〈선생님 다리는 닭 다리〉 동시로 친구들 사이에 반응도 좋아서 나만 지나가면 이름보다 "선생님 다리는 닭 다리~"라고 부르는 친구들 사이에 관심을 받았던 기억이 난다. 사람들 속에 튀는 행동으로 돋보이는 것을 좋아하는 편은 아니었지만 관심받고 싶은 마음에 뭐든 앞장서서 행동하는 습관이 있는 것 같다. 인정받고 싶고 관심받고 싶은 마음에서 언제나 튀는 행동을 한다고 생각하지만, 애정 결핍이 만들어 놓은 관심종자였다.

사랑은 받는 것보다 주는 게 기쁨이 크다는 걸 알게 되었다

어느 순간엔 사랑도 받기만을 너무 갈구하면 욕심이란 게 생기는 것 같았다. 받으면 더 받고 싶고, 더 바라고 끊임없이 요구하고 만족하지 못하는 것 같다는 생각이 들었다.

내가 받아보고 느껴보지 못한 사랑을 누군가에게 더 달라고 떼쓰는 아이처럼, 그렇게 더 바라는 것 같다. 사랑뿐만 아니라 무엇이든 만족할 수 있는 게 없는 것 같다. 경험을 통해서 삶을 비워내는 것보다 삶을 살아가면서 더 많은 것을 욕심내고 사는 것 같다.

유독 사랑에 집착을 보였던 내가 부끄러울 만큼 시간이 지났다. 관심받는 것이 외로움을 이기는 유일한 희망이었다고 생각했던 시간이 있었다. 부모에게 받은 사랑은 부족했지만, 내가 모르는 많은 것을 받고 누리며 살아왔다는 생각은 한다.

그래서 사랑을 받기 위해 떼쓰는 아이처럼 투정 부리고 사랑이 서툰 상대를 미워하는 마음으로 바라보는 게 아니라, 차라리 못다 받은 사랑을 대신 더 많이 사랑해 주는 사람이 되어야 겠다고 생각을 바꿨다. 어릴 때부터 소녀 가장으로 힘든 일도 많았지만, 도움도 많이 받고 도움을 주시는 분들의 사랑도 많이 받았다. 받은 만큼 꼭 베풀며 살겠다는 마음은 지금도 여전히 준비되어 있다.

보육원 봉사를 오랫동안 한 건 아니지만 어린 아기를 품에 안고 돌보고 잠시 눈 마주 보던 짧은 시간에도 품 안에서 떨어지지 않을 거라고 울던 아이가 아직도 선명하게 기억에 남아 있다. 사랑이란 게 대단한 선물을 주는 것이 아닌 마음으로 눈으로 온기로 곁에 함께 하는 것이라는 생각이 든다.

충북 음성 꽃동네 봉사활동을 하러 갔을 때도 그들과 같은 마음으로 지내지 않는다면 결코 하루도 함께 할 수 없었을 시간이었다. 다리가 불편해 걷는 일, 식사하는 일 모든 게 불편한 사람들과의 생활은 쉽지 않았다.

낯선 상황과 대면하면 우리는 할 수 있는 일보다 할 수 없는 일들이 더 많았다. 휠체어에 앉히는 일, 밥을 씹지도 못하고 뱉고 또 드시는 분들과의 일과를 보내는 일이 어떻게 하루를 보내야 하는지 고민이 됐던 시간이었는데 함께한 시간 동안 그들을 바라보는 내 마음이 바뀌게 되는 시간이었다. 그냥 친구처럼 그렇게 지내는 일. 그들의 삶에 다가가 함께 이야기하고 식사하며 봉사하며 지낸 시간은 행복했다.

어디로 튈지 모르는 럭비공이면 좀 어때?

동해 번쩍, 서해 번쩍 홍길동도 아니고, 한곳에 가만히 있지 못하는 성격이었다. 20대는 럭비공처럼 어디로 튈지 몰라 나를 보면 불안하다고 말하는 사람들이 많았다. 남들 눈엔 항상 불안해 보인다는 말을 자주 들었다. 지금 생각해 보면 몸은 하난데 하고 싶은 것들이 많으니 머릿속에 무엇인가 떠오르면 새로운 계획들을 세워 이룰 생각에 몸이 항상 분주했다. 그래서 보는 사람들로부터 불안한 느낌을 많이 전해준 것 같다.

내 꿈은 나비처럼 가볍고, 자유롭게

지금도 동해 번쩍, 서해 번쩍 하냐고 묻는다면 아니다. 나이가 들어서 하지 않는거냐고 묻는다면 그것도 아니다. 꽤 오랜 시간 나비처럼 사는 것이 꿈이었던 적이 있었다. 사람들이 꿈이 뭐냐는 질문을 많이 받았고, 그럴 때마다 나비가 되는 게 꿈이라고 말한 적 있었다. 갇힌 공간에 얽매여 시계 축처럼 왔다 갔다 하며 인생을 산다는 생각만으로도 피곤했었다. 자유롭고 싶은 갈망이라고 해야 하나. 여기저기 돌아다니고 싶은 생각을 멈춰본 적이 단 한 번도 없었다.

바다에 있으면 산에 오르고 싶고, 도심 속 빌딩 숲이 좋아서 걷다 보면 한적한 숲길을 걷고 싶었다. 지금 본 것은 이미 본 것에 대한 만족함에 익숙해지는 것일까. 맞닥뜨리는 현실이 오면 지루해졌다. 그리고 그다음 것을 생각하며 새로운 것과 마주할 수 있는 무언가에 설레는 나비처럼 자유롭게 새로운 무언가를 끊임없이 보고 싶었다.

경험해 보지 못한 것들에 대한 기대감은 한국을 떠나 보고 알게 됐다. 외국 생활을 하기 전엔 주어진 상황에서 만족하며 삶을 살았을 텐데, 새로운 곳에서 다양하고 넓게 보는 시야를 얻는다는 게 기뻤다. 생각만 하다가 포기하기를 넘어

뭔가 이룬 것 같은 느낌, 마치 '자유'와 같았다. 나의 한계를 넘어 본 색다른 경험을 하게 되는 것 같다.

불안한 인생 때문에 방황 좀 했을 뿐

인생에서 있어서 진지하게 생각을 해봐야 했고, 지금보다 나아진 삶을 살아야 한다면 어떻게 살아야 하는지 나 자신에게 끊임없이 질문을 던져봐야 했다. 자신에게 질문을 던지고 찾은 답은 '머무름에서 떠나면 마주하게 되는 자신을 보는 것'이다. 일본과 호주를 다녀오니 사람들 안엔 무한한 가능성이 있지만 두려움과 결단이 부족해 행동하지 못하는 연약함이 있는 것 같다.

나는 남들이 어떻게 생각하든 신경 쓰지 않고 돌발적으로 움직인다. 동해 번쩍, 서해 번쩍 마음만 먹으면 언제 낯선 곳에 와서 적응하고 살고 있는지 나 자신도 모르는 사이에 많은 일들이 벌어져 있다. 남들이 보기엔 차분한 외모와 조용조용한 말투로 성격이 급하고 불같다는 것을 잘 모른다.

외국을 혼자 떠난다는 건 생각보다 쉬운 일은 아니었다. 무일푼으로 어디서 먹고 자고 생활할지 전혀 계획도 없었다. 부딪혀 보자는 무대포로 호주행 비행기를 타고 날아갔다. 대단하다는 말이 칭찬인지 무식하단 말인지 모르지만 내 안에 잠재된 힘과 가능성을 보고 싶었다. 어차피 각자 다른 모양의 한 사람은 둘이 아닌 똑같이 혼자이니까 부끄럽거나 외롭다는 생각은 뒷전이었다.

취미로 많은 것을 배우고, 자기계발을 위해 노력을 해봐도 나아지는 건 별로 없었다. 나를 돌아보지 않고선 개선의 여지가 없었다. 내가 살아온 현실은 답답했다. 답답한 현실을 피하는 것만이 도피처였다. 피하는 것만이 답이라고 생각하면서 살아왔는데 그럴수록 나에게 있는 문제점들이 보이기 시작했고, 결국엔 문제를 해결하는 방법을 선택한 것이 아닌 문제를 피하는 방법을 선택한 결과들이 나를 힘들게 해왔다는 냉정한 현실과 대면하게 되었다. 자유를 꿈꾸고 문제는 피하며 살아오지 않았나 싶다.

나는 의도치 않게 낯선 환경에 남들보단 자신을 들여다볼 시간이 많았다. 자기성찰. 나를 아는 것부터 시작이란 생각에 나의 습관, 행동, 말하는 작은 것 하나부터 관심을 기울이기 시작했다. 나의 말과 행동으로 시작해 상대방이 보이는 반응까지 그런 시간을 가지면서 스스로 주의하고 조심하는 습관까지 생기기 시작했다. 처해있는 상황에서 문제가 생기면 피하는 것이 아니라 문제를 해결하는 힘을 키워내고자 했다. 어디로 튀어봐도 똑같은 현실에 늘 부딪혔기 때문이다.

그래서 지금은 어려움이 닥치면 자리를 피하지 않는다. 나의 임계점을 넘어서는 기회라고 말하고 싶다.

다시 어디를 튀어도 나쁘지 않다

나는 럭비공만큼이나 통통 튀며 어디로 튈지 모르는 성향인 것 같다. 지금 나를 알고 보는 사람들은 차분하게 보는 사람들이 많지만, 이 모습은 오랫동안 훈련된 모습이다. 생각하면 행동하고, 좋게 말하면 적극적인 사람이지만 다혈질 기질도 있어 성질도 급한 편이었다. 과거의 나의 성향과 비슷한 사람을 만나면 불편한 부분들이 있다.

어쩌면 조금 일찍 기질대로 살아본 시간이 나에겐 도움이 되었다. 만약 기회가 된다면 또 어디론가 떠나고 싶은 마음은 굴뚝같다. 나는 자기 자리에서 문제를 해결하는 능력이 훈련되지 않는다면 상황을 피해 다니지 않았으면 하는 생각을 해본다.

고난을 피한다고 문제를 해결 받지 못하는 경험을 충분히 해왔다. 결국에 그 문제 때문에 나는 늘 힘에 부대끼며 힘든 경험을 많이 해왔다. 문제를 해결하지 않으면 해결될 때까지 그 문제와 씨름할 일이 생긴다. 피해도 절대 피할 수 없는 숙명 같은 일이다. 문제를 피해 어디로든 튀는 럭비공이 아니라, 어디로든 멋지게 튀어 보는 럭비공이 되었으면 좋겠다.

친구, 사람들에 대한 태도를 바꾸면 많이 만들 수 있다

친구를 보면 그 사람을 알 수 있다는 말을 많이 듣는다. 보통은 비슷한 사람들끼리 만나는 끌어당김의 법칙이라도 존재하는 듯하다. 100퍼센트 나와 같은 사람을 만난다는 건 있을 수 없는 일이다. 관심 분야가 같거나, 대화가 잘 통한다거나 취미가 같은 이유로 친구가 된다. 서로 다른 매력 때문에 끌려서도 이유가 있겠지만 말이다. 여러 분야의 친구들을 많이 둔 사람들을 보면 부러웠다. 다양한 분야의 사람들에게 들을 수 있는 정보를 공유하기도 하고, 도움을 받기도 하고 그래서 사람이 재산이란 말을 하는 것 같다. 정보를 공유하고, 배울 수 있는 건 결국 사람을 통해서 얻는 것들이다.

핸드폰 연락처엔 무수히 많은 전화번호가 저장되어 있었다. 과거에는 옷깃만 스쳐도 인연이란 생각에 연락처를 공유하면 좋다고 생각했다. 나를 필요로 하는 사람이든 내가 필요로 하는 사람이든 명함만 건네 주고받으면 인맥이 되는 줄 알았었다. 세상을 바라보는 시선이 냉정해지면서 결코 인연이란 말로 사람들을 많이 알아간다고 해서 좋은 것도 아니란 생각이 들었다. 필요에 의해서든 아니든 아는 사람이 많다는 괜한 자부심을 부리며 살았던 것 같다.

나의 필요를 위해서 알게 된 사람들은 그 필요가 충족되면 관계를 이어 갈 의미가 없어진 존재라는 생각이 든다. 필요 조건이 성립하고 나면 더 이상의 관계는 끝나는 사람들이었다.

내가 필요한 사람이 아닌 상대방에게
필요한 사람이 되고 싶다는 마음

외로움 때문에 힘든 적이 많았다. 혼자 있는 시간을 도저히 견뎌내기가 힘들었다. 그래서 사람들과 금방 친해지고 관심받고 싶은 마음에 튀어 보이려 노력을 했었다. 곁에 친구들이 있고 사람들이 많으면, 애써 생색내고 말하지 않아도 든든한 버팀목이 있다는 생각에 부러움을 샀던 사람이 있었다. 그래서 내 곁에도 그런 사람들을 많이 두고 싶었다.

그런데 외로움 때문에 사람을 좋아하고 사람 속에 자신을 두고 싶어 할수록 나의 외로움은 채워지지 않고 오히려 더 깊어져 간다는 것을 알게 됐다. 그들의 관심이 항상 나였으면 했지만 그럴수록 마음의 공허함과 외로움은 커져만 갔다. 혼자 시간을 보낸다는 것이 외톨이라는 생각만 했지 나를 위한 시간을 가진다는 생각은 해본 적이 없었다. 홀로 있는 시간에 느낄 외로움을 극복해 내지 않으면 군중 속에 외로움을 벗어나지 못하겠다는 생각이 들었다. 혼자만의 시간을 활용할 줄 알고 군중 속에 홀로 서 있는 자신을 봐도 외롭지 않도록 스스로 단련시키는 극기훈련의 시간을 가졌다. 그래야만 사람 속에 벗어나서 어떤 모습으로 서 있어도 부끄럽지 않을 자신감을 가질 수 있을 것 같았다.

지금은 전혀 반대의 성향으로 바뀌었다. 누군가를 만나면 시간을 들여 지켜보고 섣부른 판단으로 사람을 판단하지 않는다. 겪어보지 않고 판단하다 보면 첫인상의 오류가 생기는 경우가 있다. 잔잔히 흐르는 강도 눈으로만 보면 수심이 얼마나 깊은지 모른다. 이처럼 사람의 생각은 처음 보고 판단하기엔 어렵다.

사람을 만나면 가볍게 인사를 하고 서서히 알아가는 편이다. 서둘러 호구 조사하듯 묻지 않는다. 과거엔 궁금한 일엔 못 참고, 귀에 스쳐 지나가는 말은 정확하게 알아야 하고 질문을 하면 총알같이 상대방에게서 답을 전해 들어야 하는 성격이었다. 딱히 지금 알아야 하지 않아도 시간이 지나면 알게 되는 사실 그리고 모르면 다행인 사실까지도 말이다. 그랬던 내가 변한 모습을 보면 놀랄 때가 있다.

힘들고 가난한 환경에서 자라서 애정 결핍이 있다. 내게는 사랑을 줄 사람이 항상 필요했던 것 같다. 그런 사람이 곁에 있길 원했고, 그런 마음을 전해 줄 친구가 필요했었다. 언제부턴가 상대가 부족하고 섭섭하게 하면 마음으로부터 선을 긋고 고립된 상태로 빠져간다는 생각을 했다.

이기적인 나에게서 벗어나야겠다는 생각을 했다. 주었다고 해서 받을 생각을 하지 않고, 준 것에 대해서는 생각하지 않겠다고 다짐을 하면서 상대방에게 필요한 것을 챙겨주기로 생각이 바뀌었다. 사람들에 관심을 가지면서 무엇을 좋아하는지, 어떤 말을 했을 때 불편한지 상대방에 대한 반응과 기분을 살피게 되었다.

이제는 처음부터 애써 많은 걸 알아보려고 묻지 않는다. 알아가는 시간만큼 상대를 받아들일 준비하는 시간을 가지는 것 또한 나의 작은 배려라고 생각한다.

나의 속도가 아닌 상대방의 속도에 맞춰 주기

새로운 친구를 사귈 때 우린 많은 걸 알아가려고 한다. 기본 인적사항과 가족관계부터 말이다. 나는 그런 부분보다는 목소리와 말하는 톤, 말의 느낌을 먼저 느끼는 편이다. 첫인상이 차가워도 단번에 좋다 싫다는 느낌을 마음에 담아 두지 않으려고 한다. 예상 밖의 사람들이 있기 때문이다. 까칠하지만 속이 여리고 따뜻한 사람, 겉은 따뜻해 보이지만 선을 긋고 거리를 두려는 사람. 그래서 사람은 지내보지 않으면 알 수 없다.

나는 '본색광명(本色光明)'이라는 말을 잘 사용한다. 시간이 지나면 자신 본연의 색깔이 나온다. 그것이 어떤 성향의 사람이든 말이다. 그래서 급하게 사람들을 알려고 하지 않는다. 안 좋은 행동이 보여도 시간을 두고 지켜본다. 안 좋은 행동을 덮을 만한 매력을 가진 사람이 있다는 걸 알기 때문이다. 지나치게 단점만 가진 사람도 없다.

나는 주변 사람들의 단점이 눈에 보일 때는 나 자신 스스로 반성하는 시간을 가지려고 노력한다. 대개 나와 같은 단점들이 눈에 보일 때 그 모습이 불편할 때가 종종 있었기 때문이다. 완벽한 성격을 가진 사람들은 없다고 하지만 우리는 쉽게 이해하려 들지 않는다. 왜 저런 행동들을 하는지 핀

잔 주기 바쁘다. 나는 까칠하고 좋고 싫음이 분명한 사람이었다. 과거에는 내 성격에서 맞지 않으면 단칼에 맺고 끊어버릴 만큼 차갑고 냉정했다. 찔러도 피 한 방울 흘리지 않을 것 같다는 말을 들었다. 누구도 이해하려고 들지 않았고 그들의 입장이 나에겐 중요하지 않았다. 그랬던 나의 못된 과거가 있다. 나는 외로워서 누군가 곁에 있어 주길 원하면서 기회를 주지 않았다. 예민하고 까칠한 고슴도치처럼 나의 영역에 침범한다 생각이 들면 가시만 세우고 남들을 찔러주기 바빴다.

돌이켜 보면 나의 외로움을 채울 수 있는 건 사람들 안에서 그들과 더불어 사는 방법을 배워야 했다. 먼저 내가 품고 보듬어 주지 않으면 노력의 방법이 없었다. 내 생각에 이해되지 않아도 상대방 상황은 다를 수 있다는 생각을 하도록 노력했다. 한 마디로 역지사지다. 혹 상대방이 미안한 행동을 했을 땐 사과하는 태도는 상당히 중요하다. 우리는 관계 속에서 살아간다. 내 스타일을 적당히 드러낼 수 있지만 분명한 건 타인의 배려가 있기에 가능하다는 점이다.

'함께'라는 말이 주는 따뜻함을 나누자

〈님아, 그 강을 건너지 마오〉라는 영화를 본 적이 있다. 노부부의 사랑을 다룬 다큐멘터리 영화로, 76년간 함께 부부로 살면서 변함없이 사랑하는 노부부의 모습은 보는 동안 감동이었다.

집 앞에 핀 꽃들을 꺾어 할머니에게 가져다주는 할아버지. 그 꽃을 받아 감동하는 할머니의 모습이 소녀처럼 해맑게 웃는 모습이 인상 깊었다. 특별한 날이어서 행복한 일이 아닌 일상이 특별할 수 있는 일은 곁에 있는 사람에게 고마운 마음을 전하는 일이 아닐까 하는 생각이 든다.

사랑하는 사람에겐 이쁨만 받고 싶고, 나만 위해 주는 사람을 만나야 한다는 말을 많이 듣는 편이었다. 왜 나를 위해 사랑해 주는 사람을 만나야 하는지 궁금했었다. 이유는 '외롭게 컸기 때문'이었다. 그래서 더 사랑받고 살았으면 하는 바람이 있었다. 어쩌면 외롭게 컸다는 이유로 사랑을 다른 누군가로부터 채움을 받아야 한다고 생각했던 것 같다.

외로운 사람은 사랑을 받는 것이 당연할까

사랑이야말로 외로움에 지친 나를 위로할 유일한 기회라고 생각했는지 모르겠다. 그래서 나는 사랑을 받는 쪽에만 익숙했던 것 같다. 모든 게 상대방이 나를 먼저 챙겨주는 것이 사랑이라고 생각했던 때가 있었다. 사랑은 일방적일 수 없다. 외로움에 지쳤다고 그 보상을 다른 누군가에 바란다는 것은 이기적인 생각이라고 든다.

영화를 보면서 사랑은 상대방이 서로에 대한 관심과 배려를 끊임없이 주고받는 것에서 시작하는 것이라고 생각이 들었다. 일방적인 사랑이 없었다. 할머니는 할아버지에 대한 고마움에 대한 마음과 애틋함이 보였고, 할아버지도 마찬가지다. 함께하는 시간 안에서도 늘 그리움이 느껴질 정도로 두 분의 애절한 사랑으로 보는 내내 가슴 안쪽이 따뜻했다.

사랑은 함께 하는 것

나는 혼자가 익숙한 사람이다. 한때 혼자여도 살아가는 것에 문제가 없다는 생각으로 살았다. 몸은 어떤 이유에서든 아프기 마련이고, 가끔은 사람들의 위로와 공감이 필요한 정도라 생각했다. 그렇게 아무 문제 없이 살아갈 줄 알았는데 사람은 혼자 지낼 수 없는 존재인 것 같다. 몸이 아플 때 곁에 누군가의 보살핌이 필요했다.

난 혼자 살아갈 수 있는 사람이 아니었다. 늘 곁에 사람이 필요했다. 가장 외로운 사람이 나였는지도 모르겠다. 누군가의 따뜻한 위로의 말이 필요했다.

혼자여서 가장 외로운 사람이 나라는 생각이 들면서 사랑은 받는 것보다 주는 것에서 성장한다는 생각을 해봤다. 사랑을 주는 입장은 성장을 필요로 했다. 더 많이 참고 인내하고 배려하는 모든 일들은 받는 쪽보다는 주는 쪽의 베푸는 마음가짐이 필요로 하는 것들이 많았다. 내가 좋아하는 일들은 상대방도 똑같이 느끼기 마련이다. 되도록 상대방이 좋아하는 일들을 맞춰 주는 방향으로 노력했다.

예전에는 받는 것만이 사랑이라고 생각했다. 주는 쪽은 늘 손해 본다는 생각을 했다. 그런데 이제는 주는 것은 받는 것보다 나를 성장시켜준다는 것을 알게 되었다. 혼자서는 사랑할 수 없다. 상대가 있어야 사랑도 하고, 그 사랑을 서로 나눌 수 있다. 일방적인 사랑이든 서로의 친밀한 사랑이든 그것이 어떤 형태의 사랑이든 말이다.

나는 소속된 사랑의 욕구가 강한 편이다. 개인적인 느낌이 강한 사람들보다는 소속감을 나눌 수 있는 사람과의 공유를 좋아하는 편인 것 같다. 사는 것이 힘들고 낙심될 때 곁을 지켜준 친구들의 격려가 힘이 되었다. '혼자'라는 느낌보다 '함께'라는 말이 위로가 된다.

시간, 나를 위로하는 강력한 치료제

언제나 그랬듯 외로움은 내 곁을 떠나 있어 본 적이 없는 것 같다. 누군가 곁에 함께 한다고 해도 혼자만 느끼는 외로움은 있다. 행복 뒤에 찾아오는 씁쓸한 기분 그리고 외로움을 넘어서 오는 고독함.

언제부턴가 나는 한번 웃을 일이 생기면 그다음 웃지 못할 일이 생길 것 같은 두려운 마음이 습관처럼 든다. 일어나지 않을 일을 미리 걱정하는 것처럼 보일 수 있다. 매일 웃을 일만 생기진 않겠지만 웃을 일 뒤엔 슬프고 외로운 시간을 치러내야 할 일들이 많아서 오히려 두려웠다.

누군가를 만나고 헤어지는 일은 내가 살아오면서 가장

힘든 부분이다. 정에 약하고 눈물이 많은 편이라 헤어지는 고통을 크게 느끼고 심하게 방황하는 편이다. 사람을 좋아하고 인정받고 싶고 사랑받고 싶은 욕구가 강한 편이다. 누군가 함께 하는 것을 좋아하고, 공유하는 것을 좋아한다.

아프면 시간의 처방전이 필요하다

혼자 보내는 시간보다 사람들과 시간 보내기를 좋아하는 편이었다. 누군가와 시간을 보낸다는 것은 나에게 있어 내가 자라온 삶에 대한 보상인 마냥 위로받고 싶어서였다. 솔직하게 나누기를 좋아했고, 외로움의 시간을 덜어내고 싶었다.

어떨 땐 사람들과 보내는 시간에서 위로를 받을 때도 많지만, 상처 또한 받는다. 얻는 게 있으면 잃는 게 있다는 말을 실감할 정도다. 얻는 것보다 잃는 것에 더 많은 상처를 받아 자기연민에 빠져 허우적거려 방황할 때가 있었다. 그러면서 사람들에게서 받는 위로의 효력도 있지만, 결국엔 나 자신과의 시간에서 사투를 벌이고 스스로 처방을 받아야 한다는 것을 깨달았다.

그런 시간이 많아질수록 외로움을 덜어내는 것이 아니라

상처로 돌아올 때가 많았다. 사람들에게 의지할수록 아팠다. 혼자라는 시간을 가지는 것이 두려웠다. 또 혼자여야 하나, 늘 혼자여야만 하는 사람인가 싶은 생각에 혼자라는 생각만 하면 외로움이 사무쳐 몸을 에워싸는 듯한 기분이 들었다.

시간을 내 편으로 만드는 법

혼자서도 당당하게 시간을 보내보기로 했다. 나를 찾아주는 사람이 없을 때가 기회였다. 이런 기회를 놓치지 않고, 성장하는 시간을 가져야겠다고 마음을 먹었다. 책을 읽고 나를 위한 자기계발에 더 할애했다. 서점을 다니고, 공원 산책을 하며 생각을 정리하는 시간은 또 다른 삶의 즐거움이었다.

문제가 실타래처럼 얽혀 머릿속이 정리되지 않을 때는 애써 주어진 시간 안에 답을 찾으려고 하지 않는다. 내버려 둔다. 고민하지 않고 조금 더 생각이 자유로울 수 있도록 말이다. 이러한 시간이 헛되다 할 수 있겠지만 마음을 몰아세워 밀어붙인다고 해결되는 일은 거의 없다. 밀어붙여 해결되는 일은 다시 문제로 종종 돌아왔다.

내 감정 상태에 따라 무엇인가에 의지하는 모습이 싫어 텔레비전도 없애버렸다. 스스로 한정된 시간 안에 불필요한 일들은 만들지 않고, 절제된 삶을 살아가는 것 또한 필요했다. 넘치는 것은 절제하고 부족한 것은 채워 나가는 시간을 가지는 것이 내겐 가장 강력한 위로의 시간이었다. 허무하게 채워진 시간은 공허함으로 다가오고, 필요 이상의 말을 너무 많이 하는 날에는 오히려 바보같이 느껴지는 모습들을 볼 때가 있다. 그럴수록 조용히 시간을 갖는 편이 낫다.

시간은 나를 위한 피로 회복제

일본 유학 생활 중에 일본 식당에서 아르바이트한 적이 있다. 바쁘게 움직이며 일하다 15분의 휴식 시간은 꿀 같은 시간이었다. 몇 시간을 정신 없이 몸을 움직여 녹초가 되었지만 15분의 휴식 시간에 주어진 단팥빵과 우유 맛을 잊을 수 없다. 더 움직일 시간으로 부족함이 없는 15분의 휴식 시간이었다.

하는 일은 생소했지만 가끔은 전혀 다른 분야의 일을 통해서 지금의 일을 돋보이게도 하고, 누군가의 입장도 생각할 줄 아는 마음의 여유도 생기는 것 같다. 경험해 보지 않고서는 우린 누군가의 입장에 서서 생각한다는 건 생각보다 쉽지 않다. 내 일이 힘들다고 생각하고, 나만 불행하다고 생각할 수 있지만, 모두가 각자의 시간에 고충을 견디며 시간을 보낸다. 그래서 시간이 멈추지 않아 다행이다. 기억으로부터 흐려진 추억들과 상처로부터 성장할 수 있게 해준 시간, 이보다 더 강한 약은 없을 듯 싶다.

사람 때문에 상처도 받지만, 내 행복의 원천도 사람이다

상처는 숙명처럼 받아들여야 하는 영역이다. 다른 무엇으로 대신 채워줄 수 있는 것이 없다면 상처를 대신해 줄 것이 아무것도 없다. 결국엔 그대로 남에게 또 다른 상처로 전달될 뿐이다.

나는 상처에 민감한 편이다. 남들보다 상처를 잘 받는 편이고, 그러면서 마음을 쉽게 다치기도 하고 다친 마음을 누군가에게 위로받고 싶어 하기도 하면서 지내왔다. 왜 상처에 민감하고 쉽게 마음을 다치는 이유가 무엇인지 계속 생각해보니, 나는 태어나는 순간부터 세상엔 상처와 타협하지 않으면 안 되는 이유가 너무 많다는 생각이 들었다.

태어나는 그 순간부터

상처를 위한 몸부림이었겠지

상처를 안 받기 위해 사는 것이 아니라 어떤 상황에서든 상처로 받아들이지 않는 마음의 단련이 필요하다는 생각을 해본다. 사람들과의 관계에서 나의 부족한 것을 인정해 주고 완벽하게 상처받지 않으려고 노력하고 관계를 맺으며 지내는 것 같다. 그냥 있는 그대로 바라봐 주는 것이 내가 할 수 있는 최선인 것 같다. 사는 동안 상처는 끊어 낼 수 없는 것 같다. 어쩌면 보이지 않는 나 자신 스스로에게도 상처를 받는지 모른다. 자신에게 있는 부족한 부분들이 나를 스스로 힘들게 하기도 하면서 타협하고 지내고 있는 것 같다.

어릴 때는 부모로부터 또는 형제로부터 상처를 쉴 틈 없이 받으며 살아왔다. 물론 그 안에서 상처가 채 아물기도 전에 다른 상처들로 덩어리가 되어 내 안에 상처가 더 많은 가시넝쿨이 되어 자라나고 있었는지 모른다. 사람들에 대한 무관심과 상처 되는 말로 가슴 아프게 해도 그럴만한 이유가 있다는 변명이 넘쳤다. 맹수같이 공격하고, 내 말이 항상 옳다는 생각으로 꽤 오랜 시간을 보내 왔다. 오랫동안 지니고 있었던 상처로 나를 방어하기 위해 했던 행동들로 사람들에게 피해를 주며 살아왔다는 생각이 불현듯 깨닫게 되는 시기가 있었다. 그러는 중 내 상처로 생긴 가시가 누군가에게 또 다른 상처를 남긴다는 말이 너무 가슴 아프게 다가왔다. 내 문제로 생긴 상처는 스스로 치유해야 했다.

나의 노력은 시간이 가면서 조금씩 좋아지기 시작했다. 내가 상처를 덜 받기 위한 노력은 하지만 남에게 강요하진 않는다. 상처를 통해 드러나는 성품은 이해하려고 노력한다. 시간이 필요한 사람들이 많다. 나처럼 그들에게도 상처를 너그럽게 수용할 수 있는 시간이 필요하니까 강요할 필요는 없다는 생각을 해본다. 나의 오래된 기억 중에 아픔들을 나누고 위로받기 원해 털어놓은 이야기들이 화살이 되어 되돌아올 때가 많았고, 결국엔 내가 말한 것이 상처로 돌아와 아프게 했다.

그렇다고 과거의 아픈 기억들 때문에 말하기를 두려워하지 않는다. 여전히 내 아픔이 누군가에게 작은 위로가 될 수 있다면 나누고 싶다. 지금은 상처를 받아들이고 단련되어 아무렇지 않게 잘 넘길 줄도 안다.

상처받는 것에 두려움은 예전보다 많이 줄어들었다. 상처를 통해서 사람은 가장 아름다워질 수 있다는 생각이 든다. 자신을 가장 멋지게 빚어낼 기회라는 생각을 해왔기 때문에 나에게 성장할 수 있었던 시기였다. 사람들은 서로가 가진 상처 때문에 상처를 주거니 받거니 하지만 결국엔 사람들 안에서 사는 의미도 찾는 것 같다. 한국무용이 한을 빚어서 가장 아름다운 몸 동작으로 멋지게 표현하듯 상처를 빚으면 원석에서 보석이 되어 가장 빛날 수 있는 멋진 사람이 될 것이란 확신이 든다.

당신이 생존을 위해 무엇을 하는가는
내게 중요하지 않다.
당신이 무엇 때문에 고민하고 있고,
자신의 가슴이 원하는 것을 이루기 위해
어떤 꿈을 간직하고 있는가 나는 알고 싶다.

당신이 몇 살인가는 내게 중요하지 않다.
나는 다만 당신이 사랑을 위해
진정으로 살아 있기 위해
주위로부터 비난받는 것을
두려워하지 않을 자신이 있는가 알고 싶다.

어떤 행성 주위를 당신이 돌고 있는가는 중요하지 않다.
당신이 슬픔의 중심에 가닿은 적이 있는가
삶으로부터 배반당한 경험이 있는가
그래서 잔뜩 움츠러든 적이 있는가

또한 앞으로 받을 더 많은 상처 때문에

마음을 닫은 적이 있는가 알고 싶다.

– 오리아 마운틴 드리머, 〈초대〉

여섯 살부터 교회를 나가면서 지금까지 신앙생활을 하고 있다. 매 순간 방황할 때도 다시 돌아올 수 있었던 건 기도해주시는 목사님이 계셨기 때문이다.

상처 때문에 방황하고 상처 때문에 마음을 닫고 살았던 때가 많았다. 어떻게 환경을 버티고 살아왔는지 시간이 지나 돌이켜보면 인생을 몰랐기 때문에 가능했던 시간이었다. 나는 1분 전의 삶으로도 돌아갈 생각도 마음도 없다. 만약 그런 시간이 온다면 포기할 마음이 먼저 생길 것 같다. 포기하고 싶었던 순간, 멈추고 싶었던 발걸음을 부추겨 걷게 해준 건 사랑하는 사람들이었다. 이름도 기억나지 않는 사람들의 따뜻한 말로 자랐다고 해도 거짓이 아니다. 그래서 나는 사람이 좋다.

혼자만의 시간이 주는 에너지

나는 드라마를 굉장히 즐겨 봤다. 온종일 텔레비전 앞에 앉아 채널을 돌려가며 잠이 올 때까지 보고 또 봐도 질리지 않을 만큼 중독자였다. 그러던 어느 날 시간이 갈수록 허무함만 남는 것이다. 남의 감정에 울고 웃는 내가 왜 이러고 사나 싶어 텔레비전을 없앴다. 정말 중요한 일들을 텔레비전을 통해 시간을 통째로 빼앗겨 버리는 것 같았다.

드라마 중독자에서 철저하게 혼자만의 시간 갖기

허투루 보낸 시간을 되돌릴 순 없지만 일단은 생각을 바꿨다는 것이 중요하다. 텔레비전을 없애고 무엇을 해야 하는지 우선순위를 정했다. 그동안 안 읽었던 책을 다시 읽기 시작했다. 그리고 취미생활을 찾아 시간을 보내는 것을 계획을 세워 다양한 분야의 일들을 접하게 된 계기가 되었다. 좋아서 하는 것보다 관심 없는 분야에 도전해 보고 싶었다.

처음 취미로 배우게 된 것이 뜨개질이었다. 처음에는 코바늘로 뜨개질하는 것에 큰 관심은 없었지만 익숙하지 않는 것을 배우고 익힌다는 새로운 경험은 새로운 삶을 살아내는 것과 비슷한 경험이라는 생각이 들었다. 새롭게 배우는 일은 쉽지 않았다. 우리는 익숙하면 편안함을 느끼지만 새로운 것에 쉽게 도전하며 익히려는 노력은 생각만큼 쉽지 않은 일은 틀림없다.

배울 때는 어렵지만 반복해서 연습하면 익숙해진다는 것을 알기 때문에 도전하는 일들을 주저하지 않는 편이다. 새로운 환경, 도전은 꺼려지는 부분이지만 지금의 익숙한 상황도 역시 낯설고 어려운 시기일 때가 있었다. 단지 우리는 반복되는 환경에 노출되어 익숙한 상황에 놓여있기 때문에 잊고 살아가고 적응할 뿐이다. 실수하거나 부족해도 반복하다 보면 익숙해지고 편해지기 때문이다.

처음 텔레비전을 없애고 한동안 집안이 어색했다. 낯설었지만 텔레비전을 안 보는 몇 년 사이 책은 1천 권 이상 늘어나고 1년에 독서량도 제법 늘어났다. 인기 있는 드라마의 얘기가 나오면 전혀 공감이 안갈 정도로 이제는 드라마 이야기가 별로 흥미로운 주제가 아니게 됐다.

집에 텔레비전 없다고 하면 "텔레비전 없이 어떻게 지내?" 하고 묻는다. 하지만 없어도 사는데 전혀 문제없다. 심심하지 않다. 오히려 텔레비전을 없애고 삶은 더 나아졌다. 음악을 들으면서 정서적 안정감도 찾고 독서를 통해서 나의 꿈을 찾아가는 일까지 가졌다.

혼자 있을 때 얻게 되는 힐링

나는 스스로 질문을 많이 던지는 편이다. 가끔은 너무 어려운 질문을 던지는 바람에 며칠씩 고민에 빠져 있었던 날도 있었다. 그런데 그때마다 정답을 찾기보다는 나를 돌아보는 시간을 가지는 계기가 되는 것 같다. 적어도 생각하는 시간을 가지면서 내면은 성장하는 것 같다.

나는 생각이 많고 예민한 편이다. 예민한 정도는 고슴도치 가시 만큼이나 촉들이 뾰족하게 서 있는 듯하다. 생각이 많은 내가 유일하게 위로받는 시간은 혼자 생각하는 시간을 가지는 것이다. 《화성에서 온 남자 금성에서 온 여자》(존 그레이, 김정숙 역, 동녘라이프, 2006)에서 보면 남자는 생각이 많으면 동굴 같은 곳에서 자기 시간을 가진다고 한다. 금성에서 온 여자인 나도 내 동굴에서 잠시 에너지를 충전할 시간이 필요하다.

한때는 외로움으로 사람들을 찾아다니며 나의 외로움을 조금이나마 공감해주고 위로해주면 사는 것에 의미를 찾곤 했었던 것 같다. 그럴수록 공허함과 외로움은 더 가중되어 나를 짓누르는 것 같은 느낌도 들었다. 혼자 있는 시간을 통해서 나를 찬찬히 들여다보는 것이 나을 것 같았다. 혼자 걷고, 혼자 커피를 마시고 생각해 보니 나의 외로움을 나로 통해 위로받지 않으면 어떤 사람들을 통해서도 위로되지 않는다는 것을 알게 됐다. 혼자 있는 시간에 책을 통해 위로받고 깨달을 때 희열감은 이루 말할 수 없는 힘이 생기고 자신감이 생기는 걸 느낀다.

성장하려면 성장통은 겪어야 할 필수 코스

가난함에서 벗어나고픈 욕망 때문인지 오직 성공만을 목표로 살았다. 잘살고 싶고 경제적 자유를 누리고 싶은 마음은 지금도 변함이 없다. 그렇지만 성공에만 집착하지 않는다.

맹목적인 성공에만 집착하며 살아온 시간을 되돌아보면 욕심에만 사로잡혀 살았던 것 같다. 돈에 대한 집착, 무엇인가 끊임없이 가지고 싶은 욕구, 그러는 동안 삶의 만족도는 떨어지고, 자괴감에 빠지는 모습만 볼 뿐이었다. 성공을 위해 열심히 사는 것 같은데 멀어져 가는 느낌과 돌아가는 기분이었다. 다람쥐 쳇바퀴 도는 것처럼 말이다. 무엇이 잘못됐는지 방법을 찾고, 점검해야 했다.

시간은 공평하게 주어지지만 관대하진 않다

성공하는 사람들은 공통점이 있다. 문제가 있을 때 피하지 않는다는 것이다. 문제와 직면하면 마음의 근심, 외로움, 고통의 무수한 단어들이 총동원되어 몰려온다. 근심도 외로움도 고통도 하나씩 이겨내야 한다. 감당해야 한다. 그리고 시간 안에서 인내해야 한다. 시간은 멈추는 법이 없다. 단지 그 시간 안에 사는 내가 멈출 뿐이다. 시간이 가면 모든 게 해결된다는 말에 의지하며 살아왔다. 단순한 건지 무식한 건지 모르지만 문제를 해결하려고 하는 것보다 시간이 가면 해결된다는 말을 문자 그대로 믿고 의지했다는 것이다.

아무것도 하지 않아도 시간만 가면 당연히 해결될 거란 생각은 누가 가르쳐 주지 않았다. 그런데도 곧이곧대로 믿는 건 무슨 확신에서 생긴 걸까. 시간을 등지고 해야 할 문제는 정확히 해결해야 한다. 반드시 시간이 간다고 해결되는 건 아니다. 문제를 풀기 위한 시간이 필요할 뿐이다.

나는 문제가 생기면 피하고 싶었다. 문제를 대면할 힘이 축적도 되기 전에 쓰나미처럼 몰아닥칠 땐 버틸 힘조차 나질 않았다. 누군가 내 문제를 대신 해결해 주면 좋겠고, 내 문제가 아니면 좋겠다며 바람만 내비칠 뿐이었다. 문제를 피하기만 하면 눈 덩어리처럼 커져서 다가온다. 피한다고 해서 문제가 작아지거나 없어지는 게 아니다.

직장 생활을 하면서 사람과 부딪히는 문제들이 많았다. 나는 문제를 다룰 능력이 부족한 사람이었다. 그래서 피하기만 했었다. 그것이 답이라고 생각했고, 해결이라고 확신했다. 언성을 높이고, 서로 옳고 그름을 따지며 신경을 곤두세우는 것에 힘을 빼는 것이 싫어서 피하는 쪽을 선택했다. 피할수록 문제는 최소화할 순 있었지만 개선할 여지가 없었다. 문제를 해결할 능력은커녕 늘 제자리걸음이었다. 문제를 피하는 것은 해결이 아닌 말 그대로 회피였다.

30대가 되자 이에 따른 책임에 대한 무게감이 더 느껴졌다. 습관적으로 문제가 생기면 피하는 방법을 선택한 나였다. 문제를 직면하지 않고 피하기만 해서는 어떤 결과도 나아지는 법은 없다는 어른들의 질책이 있었다. 내 중심적인 생각에 사로잡혀 내 문제가 가장 해결하기 힘든 부분이라고 생각했지만, 세상엔 내가 알지 못하는 어려운 문제에 놓인 사람들이 많다는 것도 주변을 보면서 알게 됐다. 세상 돌아가는 이슈나 많은 뉴스만 보더라도, 문제를 크게 보느냐 작게 보느냐는 관점의 문제인 것 같다. 나의 선택에 따른 결과로 얻는 문제도 있지만 의도치 않게 생기는 문제들도 있다.

반복적으로 벌어지는 문제들을 대하는 내 태도를 보면 알 수 있다. 문제를 피하지 않고 해결하는 습관을 만들면 인생이 바뀐다. 나는 문제가 생기면 차분하게 마음을 가라앉히는 편이다. 그리고 상황을 꼼꼼히 살피고 움직이려고 노력한다. 예전엔 문제가 벌어진 상황이면 마음이 들레어 급하고 흥분된 모습들로 문제들을 정리하려고 해서 놓치는 일들이 많았다. 문제해결 능력이 부족했다는 사실을 뒤늦게 알게 된 것이다.

문제해결 능력이 살아온 시간과 비례하는 것이 아니다. 피하지 않고 해결할 때 나의 능력도 삶의 질도 월등히 나아진다.

상황이 바뀐다고 내가 바뀌는 게 아니다

상황은 바꿀 수 있지만 나란 사람은 절대 바뀌지 않는다. 문제를 피하고자 상황만 바꿔 가며 살아온 것이다. 여전히 나는 그 문제를 안고, 상황만 바뀌면 모든 것이 바뀌어 있을 거란 착각 속에 살아왔다. 상황을 바꾼다고 모든 게 나아지는 것이 아니다. 악순환이 반복되는 것이다. 문제가 생긴다는 건 개인의 문제해결 능력이 부족한 탓도 있지만 피하지 않아야 한다. 시간을 두고 해결하는 것이 임계점을 넘어 자기 성장이 있는 것이다. 성장에는 계기가 있다. 문제를 피하지 않고 부딪힐 때 성장한다고 믿는다.

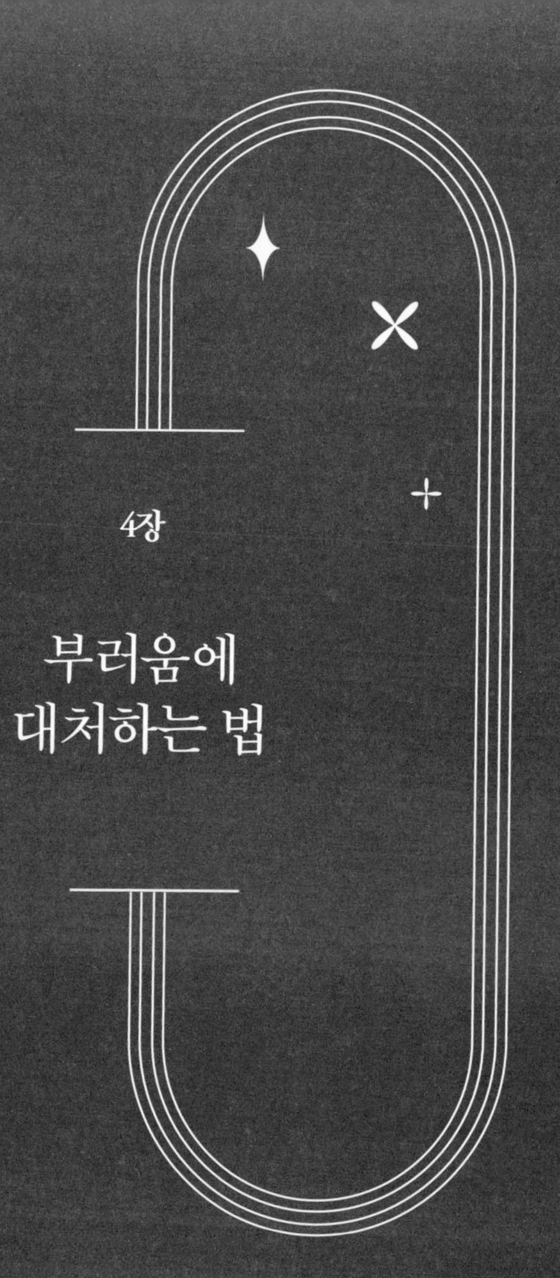

4장

부러움에 대처하는 법

더 이상 부러워하기 싫어 돌파구를 찾아 떠나다

나는 겁도 많고, 두려움도 많다. 때론 생각 없이 행동하는 모습을 보는 사람들은 인생을 겁 없이, 두려움 없이 산다고 생각할 것이다. 다른 사람의 생각대로 사는 것이 내 인생이 아니었기 때문에 주변 의식을 통해 인생을 사는 편이 아니었다. 목표가 생기면 고집스럽게 추진하는 편이다. 어떤 일을 반드시 해야 할 일이 생기면 차라리 먼저 일을 추진하고, 일을 처리한 후에 시간적 여유를 가지고 생각하는 편이다. 남들은 바쁘게 살아가는 것 같은데 혼자만 뒤처진다고 생각하면 심하게 불안해하는 편이기 때문에 가만히 생각하는 시간을 오래 가지지 않는다. 생각하는 시간을 가지는 것보다 몸으로 행동해서 시간을 버는 쪽을 선택하는 편이 내가 인생을 사는 투자라고 생각하고 앞만 보고 달려왔다.

낯선 곳에서의 생활은
뇌의 환경을 재정립하는 시간

일본 유학을 준비하는 과정에서도 설레기만 하지 않았다. 준비하는 과정과 앞으로 일본에서의 유학 생활을 생각하면 두려웠다. 유학자금은 어떻게 마련하고 생활비는 어떻게 벌어서 생활해야 하는지 생각하면 답이 없는 대답만 돌아올 뿐이었다. 지원해줄 부모는 없고 모든 게 스스로 해결해야 하는 맨땅에 헤딩인 셈이다. 방값은 최대한 줄이고 아르바이트 일자리를 먼저 구해서 돈을 벌어야 하는 것이 우선이었다. 학교와 아르바이트를 병행해서 돈의 순환이 막히지 않도록 하기 위한 움직임은 쉬지 않아야 했었다.

여유를 부릴 상황도 없었다. 적응하는 시간조차 사치였다. 그렇지만 내가 두려움을 이기는 방법은 많은 생각들로 시간을 통제하고 싶지 않기 때문이다. 늘 남의 부러움에 얹혀사는 것 같은 삶에서 일본 유학을 준비하는 과정은 드라마의 주인공이 된 것 같은 기분이었다. 새롭게 시작하는 기분에 설레던 순간이었다. 20대 때는 불가능한 일은 없다고 생각하며 움직였다. 뭐든 생각하고 계획하는 일들은 반드시 이뤄진다고 믿고 행동했다. 생각보다 빠른 행동 탓인지 용기에 감춰진 두려움이 보이지 않았던 것 같다. 주변에선 "참 겁 없이 사는구나"라고 말을 하는데 겁많은 내가 겁 없이 사는 것처럼 보인다니 다행이다.

일본 학교생활과 아르바이트를 하면서 본격적인 일본 생활을 시작했다. 한국에선 심오한 각오를 하고 움직였고, 그런 기대가 식지 않는 유학 생활을 할 수 있을 거란 기대에 부풀었다.

유학 생활 중 가장 피곤했던 일이 학교생활이었다. 몸으로 익힌 일은 습관처럼 하면 되지만 공부는 어렵고 힘이 들었다. 목표를 가지고 일본 유학 생활을 시작했지만 만만한 일들은 아니었다. 공부와 일을 병행하는 것은 생각보다 힘이 들었고, 학비를 벌기 위해서는 일을 놓을 수 없었다.

일본에서 일과 공부를 병행하는 친구들은 게으름을 피우거나, 나태한 친구들이 없었다. 일본 유학을 온 친구들은 각자 꿈을 가지고 온 친구들이 많았다. 한국에선 특별히 만날 기회도 없었을 친구들을 얻고, 알게 된다는 것도 좋았고, 일본 문화를 알고 배워 가는 것도 즐거웠다. 그런 친구들을 의지하면서 덕분에 유학 생활을 잘할 수 있었지 않았나 싶다. 나는 무엇이든 노력하고 성장하는 사람이 되고 싶었다. 남들의 부러움에만 감탄하며 사는 인생을 살고 싶지 않았다. 일본 유학을 다녀와서 무엇보다 삶을 바라보는 보는 내 태도가 달라졌다.

가치 있는 하나를 얻기 위해 뭐든 해봤으면 좋겠다

일본 유학을 다녀와서 제일 많이 들었던 말은 유학자금을 어떻게 마련했냐는 것이다. 돈이 많아서도 아니고, 부모님이 마련해준 것도 아니었다. 직장생활을 하면서 모아둔 돈으로도 유학 준비를 했었다. 터무니없이 부족한 돈이었다. 학비를 내고 나니 조금의 생활비만 가지고 일본으로 떠났다. 일본에서 아르바이트하면서 학비를 벌고 생활비를 충당하며 살았다.

우리는 나보다 잘난 사람들을 부러워한다. 아직도 세상엔 부러운 사람들이 너무 많다. 그래도 내가 한 가지 느낀 건 보이지 않는 고통을 감내할 시간을 한번 생각해 볼 여유가 생겼다는 것이다. 성공하기까지 그들이 견뎌내야 할 고통을 나도 감당할 수 있는지 말이다.

비슷한 성공을 바라는 사람들이 더 많아지고 있다. 돈이 많은 부사, 경제적인 자유를 누리고 싶어 하는 사람들이 갈수록 늘어나고 있는 것 같다. 나 역시 마찬가지다. 그러나 핑계를 대는 사람도 종종 있다. 유학 가고 싶다고 말하면서 돈이 없어서, 무서워서, 아는 사람이 없어서, 여러 가지 이유로 못 가는 이유만 늘어놓는 것이다. 그렇게 따지고 보면 나도 못 갈 이유를 찾는 편이 더 많았을 것이고 편했을 것이다.

갈 이유보다 못 갈 이유가 더 많았지만 떠났다. 스스로 시간을 통제하고 싶지 않았고 그런 시간조차 아깝다는 생각이 압도적으로 강한 편이었다. 남을 부러워하는 인생이 아니라, 부러워하는 인생을 만들고 싶었기 때문이었다. 꼭 대학이 아니어도 익숙한 환경에서 벗어나 다른 환경과 상황이 맞닥뜨리면 우리는 새로운 관점에서 세상을 보는 시야가 달라지는 색다른 경험에 즐거움을 느낄 것이다.

독서는 나의 힘, 내 DNA를 바꿀 수 없다면 책을 읽자

나는 학식이 있거나 외모가 출중하거나 특별히 뛰어난 것도 없는 평범한 부모 밑에서 태어났다. 그렇다고 부모님이 공부를 잘 가르쳐 주었거나, 독서의 중요성을 가르쳐 준 적도 없었다.

우연히 초등학교 때 가을 동시 짓기 대회로 글을 썼는데 선생님에게 잘한다는 칭찬을 들었다. 무언가를 특별히 잘해서 칭찬받을 만한 기억이 나질 않는다. 그래서 선생님에게 받은 칭찬을 계기로 동시에 관심을 가졌다. 어떻게 하면 동시를 잘 쓸 수 있을지 궁금해서 다른 친구들이 적은 동시집을 꾸준히 읽은 것이 책을 읽게 된 계기였다. 일상의 기록인 일기를 적는 것보다 동시를 많이 썼다. 지금 생각해도 일기장엔 동시집 한 권이 나올 정도로 동시로만 일기장을 쓴 기억뿐이다.

위로의 멘토가 되어준 책

중학교 때는 소설책을 시작으로 책을 읽게 되어 고등학교 땐 문예부 활동을 하면서 책과의 인연은 더 깊어졌다. 물론 좋아서 읽기도 했고 의무적으로 읽는 날도 많았다. 고등학교를 졸업하고 직장 생활을 하면서 어른들은 사회 초년생이라는 이유만으로 많은 걸 가르쳐 주려고 했었던 것 같다. 자기 나름 살아온 방식이 옳다고 생각해선지 조언들이 쏟아졌다.

지금 기억나는 건 웃으면 웃음 헤프다고 아무한테나 웃지 말라는 말이 아직도 기억이 난다. 잘 웃는 건 칭찬받을 일인 것 같은데 그땐 어느 장단에 맞춰 북을 쳐야 할지 몰랐다. 아무것도 모르니 남이 하는 말에 이리저리 휘둘려 지냈던 것 같다. 그래서 내 중심이 바로 서지 않으면 계속 이렇게 살 것 같다는 생각이 들어 본격적으로 자기계발서 위주의 책들을 읽게 되었다. 사람들의 주관적인 말은 흘려듣고, 주워

들은 말보다는 책을 통해 전문적인 경험을 통해 다양한 정보를 배우는 게 낫겠다 싶었다.

책을 읽고 생각하는 시간은 즐거운 놀이처럼 느껴졌다. 다듬어지지 않는 현실에서 더 나은 미래를 미리 보는 것 같은 상상을 할 수 있어 좋았다. 책은 전체 건물의 조감도를 보듯이 생각하는 사고가 확장된다. 객관적인 사고를 키울 수 있는 강력한 무기가 되었고, 지금도 책은 내 인생의 힐링 그 자체다. 그래서 자기계발서 위주의 책을 읽고 불안정한 삶을 바로 잡을 수 있었다.

그리고 심리학, 마케팅, 만화책, 소설책, 실용서까지 지금은 인문고전이나 역사, 철학 위주의 책들을 읽으면서 후회되는 것이 있다. 일찍 인문 역사에 관심을 가지고 역사서를 많이 읽었다면 세상을 바라보는 견문이 넓어지지 않았을까. 결국엔 정치, 경제, 사회, 문화는 역사를 빼놓고 말하기 어려운 부분들이 많은 것 같다. 어떤 사업을 하든 말이다. 예전엔 눈에 잘 들어오지 않았던 분야의 책들이었는데 시간이 갈수록 반드시 읽어야 할 책들이다. 물론 아직 늦진 않았다. 책을 읽겠다는 다짐보다 빠른 길은 바로 책을 읽는 것. 사람은 자신이 부족하다고 느끼는 순간 배우는 것 같다. 그것이 공부든 취미생활이든.

자신의 미래를 만들기 위해

나는 핑계 대는 것을 좋아하지 않는 편이다. 어떤 상황과 환경에 따르는 이유도 충분히 있을 수 있지만 돈 때문에, 시간이 없어서, 나이가 많아서 어떠한 이유를 불문하고 책은 반드시 읽어야 한다. 독서를 하지 않았다면 나를 성찰하는 시간조차 가지려고 하지 않았을 것이다.

> 책을 읽는다는 것은 많은 경우 자신의 미래를 만든다는 것과 같은 뜻이다.
>
> – 랠프 월도 에머슨(Ralph Waldo Emerson)

사람은 생각하는 동물이라고 한다. 사람과 사람이 만나 관계를 맺고 살아갈 때 소통은 중요하다. 소통의 부재가 생기면 오해의 벽으로 관계가 멀어지는 것을 종종 보기도 한다. 내 생각을 전달하거나 듣는 사람의 입장도 고려하며 말을 해야 한다. 지나치게 감정적이거나 논리적으로 표현하면 자칫 답답하게 느낄 수 있기 때문이다.

책은 잊고 있었던 것들로부터 깨닫게 하고, 말과 행동의 품격을 높일 수 있고, 전문가들의 조언도 방법도 배울 기회가 보물찾기처럼 읽기만 하면 찾아지고, 찾아지면 행동하면 된다. 타고난 유전자를 바꿀 순 없지만, 책을 읽고 변화되어 다른 모습으로 살게 된다.

부모의 DNA를 원망하지 마라. 바꿀 수 없는 유전자를 변화시킬 수 있는 유일한 건 책이다. 당신이 누군지 알고 바꾸고 싶으면 독서를 시작하라.

어제까지 살아온 그 힘으로, 오늘을 살아낸다

한때 드라마 중독일 정도로 텔레비전에서 눈을 떼지 않고 살았다. 시간대별 드라마 채널을 왔다 갔다 하며 챙겨 보고 못 본 것은 한꺼번에 밤을 새워 챙겨볼 정도였다. 드라마를 즐겨 보는 이유는 대리만족 때문이었다. 어쩌면 비슷한 상황에서 겪는 일이 나 혼자만의 문제가 아니고 모두가 느끼며 살아가는 것에 대한 공허함을 채우고 싶은 욕구가 아닌가 싶다. 드라마에서 주인공들의 삶은 중도 포기가 없다. 어떻게든 살아낸다. 결국엔 해피엔딩이지만 말이다. 그들의 삶이 아무리 힘들어도, 포기하지 않는 힘으로 살아내는 것 같다. 난 슬픈 결말보다 아직도 해피엔

딩으로 끝나는 드라마가 좋다. 현실에서 냉혹하게 살아가는 나로선 아직도 대리만족의 드라마에서 얻고 싶은 마음은 한결같다.

상처는 상처가 아니다, 멋을 빚어내는 시간이다

나는 국악을 좋아한다. 국악을 좋아한다고 하면 사람들은 의아해하는 편이다. 젊은 사람이 클래식이나 가요를 좋아할 거란 생각에서 많이 벗어난 모양인지 놀랜다. 국악의 조예가 깊진 않다. 집안에 국악을 하는 사람이 있는 것도 전혀 아니다. 왜 좋은지 이유를 물어본다면 잘 모르겠다. 국악방송을 듣고 있는 내 모습을 보는 친구들은 나를 독특한 취향이라고 생각한다.

한국무용 공연을 볼 때도 비슷하다. 동양적인 절도와 아름다움에서 느껴지는 웅장함을 예술로 한을 멋으로 표현한 한국무용은 최고의 무용이라고 생각한다. 한을 예술로 승화시키는 아름다움, 내가 보는 예술적인 모든 분야는 한이 아주 깊이 서려 있다는 생각을 한다. 그것이 무엇이든 말이다.

국악 명인한테 물어보니 "한이란 멋이다"라고 말씀해주셨다. 만약 다시 태어나 직업을 선택한다면 두 번 고민하지 않고 국악인이 될 것이다. 국악을 좋아하는 이유를 묻는다면 한을 가장 아름다운 멋으로 승화하고 싶은 무의식 속에 나 꿈이 아니었을까 싶다.

> 거저 얻어지는 건 거의 없다. 어두운 곳의 빛이 더 밝고, 혹독한 겨울 뒤에 오는 봄이 유난히 따뜻하다. 깨진 곳에 빛이 머물고, 깨진 만큼 더 반짝인다.
>
> – 곽민지, 《여자 서른다섯, 그런대로 안녕하다》, 홍익출판사, 2016

살아가면서 인생의 어려움은 누구나 겪고 살아간다. 실패를 통해서 성장하기도 하고 아픔을 통해서 성숙해지기를 반복하면서 말이다. 20대에 운영했던 피부미용실과 꽃집을 실패하면서 배웠던 건 열정만으로 할 수 없다는 것이다. 초기 투자비용만 있으면 모든 게 준비되었다고 생각했다. 개인사업을 하면서 조금 더 체계적인 시스템을 공부하고, 배워 나가는 것이 얼마나 중요한지 알게 되었다.

실패하고, 사람들로 받은 상처를 상처로만 받아들이지 않기로 했다. 상처의 결과는 염증이다. 치료하지 않으면 곪아 터지는 염증일 뿐이다. 어떠한 이유로든 상처는 아프고 또 아프다.

내 상처를 통해 누군가의 상처를 이해하고 공감할 수 있다는 건 위로가 되고 힘이 된다. 어쩌면 상처를 빛어 실패의 아픔, 사람은 결국 상처를 통해 성장한다. 부모에게 받아보지 못한 사랑이 상처가 되어 가시가 되지 않도록 아파보지 않으면 그 아픔을 공유할 수 없고, 누군가의 아픔을 이해하기란 어렵다.

나의 모든 결핍이 나를 지금껏 살아오게 만든 이유

난 어릴 때 연두부처럼 마음이 여려서 눈물도 많고 성격도 소심한 편이었다. 혼자서 독립적으로 산다는 건 상상도 못 할 일이었다. 겁도 많은 편이었다. 이런 나의 성격도 살아 내야 할 환경에 놓이니 변했다. 집안 형편이 어려워 이사도 잦았다. 월세 낼 돈도 없어 쫓겨 다니기도 했고, 아버지의 일용직 목수 일로 겨우 생활하는 형편이어서 네 식구 끼니만 해결할 정도였으니.

나는 배고픈 가난이 싫어 일찍 돈을 벌고 싶었고, 부모의 사랑을 받아보지 못해서 어떻게 하면 사랑받는 사람이 되는지 관심이 많았다. 그래서 예의 있게 행동하고, 배려하는 습관이 생겼는지도 모르겠다. 결핍 레시피로 성숙한 인성을 완성하고, 고객 테이블에 멋지게 차려질 내일도 꿈꿔본다.

급하면 체한다,
마음 급할수록 천천히

'급할수록 돌아가라'라는 말이 있다. 성격이 급한 강풍 같아서 참고 기다릴 줄 모르는 편이었다. 일본 유학 결정이 선 동시에 총알보다 빠르게 움직였다. 일단 일본 유학을 떠나게 되면 현지에서 준비하면 된다는 생각이 앞서기도 했었고, 닥치면 답은 얻게 되어있다는 생각이 압도적으로 나를 지배했었다. 생각만 하고 포기하는 것보다 움직이는 편이 낫다는 긍정적인 반응도 있지만 상황과 환경에 따라 움직이는 것 또한 중요한 것 같다. 성급하게 생각하고 결정하는 부분 때문에 힘든 시간을 보낸 적이 많았다.

시간을 참기 힘들었던 내가 선택한 방법

일본 유학 준비만 해도 어학원 과정을 거쳐 전공 분야와 대학을 알아보고 준비해야 하는데, 많은 것을 가지고 누리고 싶은 욕심 때문에 하나라도 놓치고 싶지 않았다. 포기하는 것보다 욕심을 내서라도 손에 쥐고 싶었던 마음이 컸다. 생각하는 대로 일이 잘 풀리지 않으면 생각하는 시간을 갖는 것조차 나에겐 사치라는 생각을 했다. 생각하는 시간을 갖는 것은 죽음 다음으로 싫은 말이었다. 차근차근 풀어나가는 것보다 단번에 해결하는 방법을 선택하는 쪽이었다.

시간을 두고 문제를 풀어나가는 것이 싫었다. 어릴 때 엄마는 10번 자고 일어나면 돌아온다는 말에 믿었지만 지켜지지 않아 그런 뒤로 기다리면 좋은 보상보단 거짓말과 같은 부정적인 결과가 나온다는 생각이 많이 든다. 그래서 생각할 시간을 두는 것을 좋아하지 않는 편이다. 어쩌면 즉흥적인 행동에 생각 없이 신중하지 못한 모습으로 보일 수 있다. 생각하는 시간을 둔 결과에 부정적인 것이 두려워 즉흥적으로 행동하고 그 결과에 대한 대가는 인정하고 받아들인다.

매번 얻는 결과는 문제가 가중되어 감당하기 힘들 때가 더 많았다. 급한 성격 탓에 많이 들었던 말이 “한 걸음만 뒤로 물러서서 보라"라는 말이었다. 전형적인 한국의 '빨리빨리'를 외치는 사람이 나였지 않았나 싶을 정도였다. 성격 탓에 붙여진 별명도 많았다. 그중에 하나는 '럭비공'인데, 어디로 튈지도 모르지만 급하고 불같은 성격에 딱 잘 어울린다. 시간이 갈수록 급하고 불같은 성격은 마이너스 인생으로 살기 딱 좋았다. 남들을 불편하게 하고 불안하게 만드는 것이 나의 최대 약점이었다.

여유가 생기니 찾아온 새로운 경험

어느 순간 누군가의 불편함이 다가오는 것이 편하지 않게 느껴지기 시작했다. 대접받고 싶으면 남을 대접하는 사람이 되어야 하는데 그러기 위해선 참을 줄도 알아야 하고, 기다릴 줄도 아는 사람이 되어야 하는데 익숙한 상황들을 벗어 버린다는 게 쉽게 않았다. 나의 몸과 정신 리뉴얼을 위해 가감하게 참고 기다리는 습관 센서가 장착되도록 노력했다. 나이를 먹을수록 여유로운 사람이 되어야 하는데 괴팍한 사람이 되는 건 싫었다. 노력이 필요한 시점이 찾아온 것이다. 여유로운 사람, 참고 기다릴 줄 아는 사람, 무관심이 아닌 관심은 두고 상대방이 먼저 말을 할 때까지 기다려 줄 수 마음의 여유를 찾아보는 것이다.

과거엔 어떤 일을 하면 돈이 되겠다면 무조건 앞뒤 생각도 해보지 않고 일을 했었다. 어떤 일인지 알아보고 할 수 있는지 사업성이 있는지도 모르고 사람들의 말에 끌려 나의 목표 충족인 돈을 많이 버는 일이라면 무조건 덤벼들던 시절은 오래 전에 안녕했다. 이런 경험 또한 안 해보고 후회하거나 뒤늦게 선택해서 실패하는 것보다 경험으로 배운 것이 삶의 방향을 정할 때 좋았다. 행동은 누군가에게 신뢰를 주기도 하지만 다른 부정적인 측면도 따랐다. 신중하지 못한 사람이란 꼬리표가 붙어 다닌다는 것이다.

행동이 빠르고 매사에 결정이 빨라서 좋은 점도 있었지만 삶을 더 윤택하게 살아나가는 방법에선 부족한 부분들이 많았다. 더디 간다고 더딘 법도 아니고, 빨리 간다고 그것이 빠른 법도 아닌데 말이다. 늘 불안에 쫓기듯 살아가는 나였다. 오로지 성공에만 목표를 두고 살았다. 그것이 무엇이든 남들보다 먼저 되어야 하고, 남들보다 잘난 사람이 되고 싶었던 욕망이 컸다. 일명 '최연소' 타이틀을 달고 싶었다. 남들에게 먼저 인정받고 싶었고 자수성가로 성공하고 싶었던 열정이 나를 너무 성급한 사람의 대열이 올려놓은 것 같다.

자수성가한 사람들의 성공기를 읽으며 비슷하게라도 흉내를 내며 살아도 봤다. 그럴수록 알맹이 없는 쭉정이 같은 삶을 사는 것 같다는 생각도 하면서 말이다. 어느 정도 시간도 흘렀고, 예전보다 다양한 경험들을 통해서 나를 되돌아보면서 천천히 가도 늦지 않다는 것이다. 급할수록 천천히 움직이다 보면 놓쳤던 것들과 보이지 않았던 것들을 들여다보면서 살아가도 우린 제법 멋지게 살아가는 방법을 찾을 것이다.

내가 인상을 바꾸기로 결심한 이유

나는 차가운 이미지가 강하다는 말을 많이 듣는 편이다. 마치 지킬과 하이드처럼 웃을 때와 웃지 않을 때의 느낌이 너무 다르다고. 표정 관리 안 되는 게 단점 중 하나다.

유독 무표정일 때가 많았다. 사소한 일에도 쉽게 인상을 찌푸리고 화낼 만한 일이 아닌데도 화산 폭발하듯 화를 내는 경우가 많았다. 무의식중에도 인상을 찌푸리다 보니 미간에 주름이 깊어져 있었다. 가만히 있어도 화난 것 같은 느낌 때문에 강하고 차가운 이미지는 벗어날 수 없었다. 일본 유학 중에 지인은 조심스럽게 말을 건넸다. "윤경아, 너는 너무 차가워. 바늘로 콕 찔러도 피 한 방울 안 흘릴 것 같아."

그때 그 말을 들었을 땐 아무 생각이 없었다. 오히려 이런 상태면 아무나 쉽게 접근 못 하겠다는 생각에 내심 마음 속으로는 안도의 한숨이 나왔다. 사람들이 만만하게 보는 것도 불편하고 그것이 나답다고 생각했었다. 시간이 지나고 보니 사람들은 얼굴에 그늘이 져 보인다는 말과 화났느냐는 말을 하며 나의 감정 상태를 계속 확인하고 있었다. 분명 화난 것도 아니고 별일 없는데 얼굴 보는 사람마다 그럴 땐 이유가 있다는 생각이 들었다.

내 마음의 방관자

거울 속 내 모습은 같은데

살짝 입꼬리를 올려 웃어 보니 알겠다. 나지만 내가 아닌 내가 저 거울 속의 낯선 웃음을 짓고 있는 사람은 남이 아닌 나…. 경직된 얼굴은 웃어도 웃는 게 아닌 어색하기만 하고 애써 웃으려고 할수록 안면근육의 경련까지 생기기 일보 직전이었다. 다른 사람들의 표정이나 감정은 쉽게 잘 보면서 정작 내 얼굴에 대해서는 잘 들여다볼 생각을 못 했던 것 같다. 차갑고 경직된 표정의 보상이 카리스마인 줄 알고 살았는데 그러고 보면 표정이 어둡고, 차가운 이유와 변명만 많았던 것 같다.

무표정이 카리스마인 것처럼 내 얼굴에 나는 방관자였다. 어두운 버스 창가로 보이는 내 표정은 차마 쳐다볼 수 없을 만큼 부담스러운 표정이었다. 매서운 눈빛과 차갑게 다물어진 입 모양도 불만을 머금고 있는 듯한 익숙하지 않은 모습이었다. 이런 모습을 다른 사람들이 나를 본다는 것이 얼마나 힘들었을까. 하루에 아침저녁으로 메이크업을 하고 지우는 일 외엔 거의 거울을 잘 보진 않는 편이다. 그러던 내가 무심코 창가에 비치는 우울하고 차갑고 어두운 모습을 대면하는 것이 어색했다.

차고 어두운 모습이 싫었다. 어느 순간 변해 버린 내 얼굴의 차갑고 어두운 모습이 싫었다. 그런 내 모습을 다른 사람들이 본다는 것도 불편하게 다가왔다. 바뀌지 않으면 짙어지는 미간 주름만 보상으로 남을 것 같았다. 유연한 표정을 위한 대책을 세워야 했다. 짜증이 나는 일이 생길 땐 어금니를 살짝 띄우고 무표정으로 있어 보는 것이었다. 경직된 근육을 푸는 것부터 안면근육 스트레칭을 해주는 것이다. 미간 주름이 이미지에 방해받지 않도록 무표정 상태로 유지해 보는 것이다. 그러면 적어도 어둡다는 말은 듣지 않을 것 같았다.

겉으로 보이는 표정 관리도 중요하지만, 마음을 어떻게 관리하느냐에 따라 표정은 또 달라질 수 있을 것 같다는 생각이 들었다. 나는 살아온 흔적을 얼굴에 남기고 싶지 않았다. 그래서 차갑게 보이는 어느 날 밤 창가에 비친 내 모습에 놀라 조금은 변화된 모습을 기대하며 인상 찌푸리는 표정만큼은 고쳐야겠다는 마음을 먹었다. 내 마음을 들여다보는 것은 타인의 위로보다 자기 자신의 상태를 냉정하게 바라보고, 위로하고 격려하는 일부터 우선이었다. 그런 시간을 가지면서 표정이 밝아지고 조금씩 긍정적인 사고와 이타적인 사고도 생기기 시작한 계기가 된 것 같다.

무표정의 침묵

화나거나 짜증 나는 일에도 인상 찌푸리는 표정을 만들지 않도록 노력하고 되도록 침묵을 유지했다. 웃을 수 있는 일에는 유쾌하게 웃고 리액션도 강하게 했다. 그랬더니 지금은 어둡다는 말을 잘 듣지 않는다. 예전만 해도 얼굴에 그늘졌다거나 어둡다는 말을 심심찮게 들었는데 요즘은 편안해 보이고 표정이 밝다는 말을 많이 듣고 있다.

과거에는 감정 표현을 얼굴로 다 드러냈다. 슬프면 슬픈 대로, 기쁘면 기쁜 대로, 불편하면 불편한 대로 누군가가 알아주기만을 기다렸다는 듯이 온몸으로 표현을 했다. 그러면서 동정심을 구했는지 모르겠다. 그럴수록 나만 손해 본다는 사실을 전혀 몰랐다. 누가 봐도 거울 속 자신을 바라보듯 내 모든 감정을 알아챘다. 내 감정 상태를 알아서 확인하고 조심하라는 경고장을 얼굴에 써 붙이고 다니는 꼴이었다. 감정 주의보, 분노 게이지 상승 중 뭐 이런 문구를 써 붙이고 다닌 셈이다.

지금은 어떤 문제가 생겨도 표정에서 잘 나타내지 않는다. 그렇다고 좋은 일에도 표정엔 큰 변화가 없다. 감정 기복이 심하다는 말을 듣고 싶지 않아 일관되게 행동하려고 노력하고 있다.

감투를 쓰고 남을 속이려고 하는 게 아니다. 감정을 다스릴 줄 아는 사람이 되고 싶었다. 누군가의 말에 감정이 휘둘린다는 것은 스스로 약한 존재라는 것을 입증해 보이는 꼴이다. 그래서 노력이라는 걸 최소한 해보는 것이 내가 할 일이었다. 인상을 찌푸리고 있었을 때는 말로 분을 표출하기까지 했었다. 거침없이 말하고, 남의 감정 따윈 신경 쓰지 않아 트러블이 많이 생기기도 했었는데, 사람이 좋아지기 시작한 순간부턴 그들이 무엇을 좋아하는지 내 관점이 아닌 타인의 관점에서 생각하는 게 습관처럼 몸에 장착되어 버렸다. 그러면서 말수도 많이 줄었다.

사람들은 내가 호탕하게 웃으면, 사람을 기분 좋게 만든다는 말을 많이 들었다. 나의 웃음소리로 내면의 그늘진 상처를 날려버리는 시간인지도 모른다.

행복은 결론이 아니라 과정이다

나는 꽤 오랜 시간 과정 없는 결과에만 집중하며 살았다. 남들이 이뤄놓은 결과만 보고 집착하면서 말이다. 성공한 사람들을 보면 부자 부모를 만나서 성공했다고 생각만 했다. 돌이켜 보면 과정 없는 결과는 없다. 나에게 있어 노력 따윈 생각하기도 싫었고 하고 싶지도 않았다. 어려운 일은 싫고 좋은 결과만 보고 싶었던 것 같다. 드라마의 해피엔딩만 기억하고 싶었을 뿐 나에게 과정은 중요하다고 생각하지 않았다. 결과에만 치우쳐 생각하다 보니 삶의 방향은 길잃은 어린 양처럼 방황하게 되고, 인생은 정체되는 것 같았다.

노력하며 사는 것 같은데 나아지는 건 없고 그냥 시간만 때우며 살아온 것 같았다. 늘 다람쥐 쳇바퀴 돌고 도는 인생의 주인공이 나였다. 무엇이 잘못되었는지 생각을 하지 않을 수 없었다. 결과에만 집착하며 살았다. 방향이 잘못되었다면 생각하고 문제를 찾아 해결하려는 습관을 들여야 하는데 번거롭고 귀찮은 일은 남의 몫처럼 하기 싫었다. 하고 싶은 일이 생기면 남들보다 행동이 빨라 추진력은 빠른 편이지만 일명 뒷심이 부족한 사람이었다. 때론 이런 성격 때문에 그럴싸하게 보여 꽤 괜찮은 사람으로 자기 과시욕에 빠져 있었던 적도 있었다. 그런 내 모습을 좋게 봐준다는 생각에 혼자 으쓱하며 좋아했던 모습을 지금 생각만 하면 부끄럽다.

행복은 노력의 대가로 얻는 것이 아니라 지금의 소소함을 놓치지 않는 것

예전엔 돈 많은 사람이 행복한 사람이라고 생각을 했다. 그래서 성공해서 돈을 많이 벌고 싶었고, 돈 때문에 피곤한 인생을 살기 싫었기 때문에 성공에만 집착했다.

지금까지 귀에 딱지가 앉을 만큼 들은 이야기는 '돈을 좇아가지 말고, 돈이 좇아오는 일을 해서 돈을 벌어라'이다. 결국엔 돈을 좇아 살아가면 돈은 도망가고, 좋아하는 일에 집중해서 열심히 일하면 돈이 온다는 말을 하신 건데, 알면서도 실행하기가 쉽지 않았다. 마음 한쪽엔 몸은 덜 힘들고 돈은 많이 벌고 싶은 욕심이 꿈틀거리고 있었는지도 모른다. 그래서 성공한 사람들의 부자가 되었다는 과정은 따라 하기 쉬운 몇 개만 흉내 내기 식으로 하다 포기하는 식이었다.

직장 생활과 자영업을 하면서 성공하는 사람들은 참을성과 인내심이 강하다는 것을 알게 됐다. 과정 없는 결과는 없다. 남들이 알아주고 인정하기까지 보이지 않는 곳에서 눈물과 땀으로 버텨내는 시간은 남들이 알아주는 시간이 아니다. 나만이 아는 시간이다. 결과보단 과정이 얼마나 중요한지 알게 되면서 나의 인생도 과정을 어떻게 설계하며 좋은 결과를 만들어 낼지를 고민했다.

이런 생각 때문에 '오늘 현재 지금'에 집중한다. 난 매일 매일 살아가고 있지만, 오늘만 산다는 생각으로 조금 더 웃고, 더 많이 인사하고, 내일 만날 사람들을 기대하는 것보다 오늘 내 눈앞에 있는 사람에게 더 따뜻한 말을 하고, 챙겨주고, 후회하지 않는 내일을 기대할 뿐이다. 행복은 노력의 결과에 대한 보상이 아니었다. 그냥 삶에서 행복해지기로 마음먹은 만큼 감사하면서, 행복해지기로 생각하는 만큼 행복해지는 것 같다.

특별해서 특별한 게 아니라 오늘이 스페셜 데이

비가 오면 다른 느낌의 감정을 느낄 수 있어 행복하고, 햇살 좋은 날엔 맑은 하늘을 마음껏 볼 수 있어 행복한, 특별하지 않아도 삶이 특별하게 생각할 수 있는 그런 날. 드라마의 주인공처럼 삶의 고난 뒤에 오는 해피엔딩이 내 삶일 거란 기대감도 컸었다. 경험해 보지 못한 삶에 대한 환상이 있었다. 꼭 내 이야기 같은 주인공이 있다면 어떨까 상상에 빠져 꿈을 키워 보기도 했었다. 지금 생각하면 유치하고 바보 같아 보여도 그런 모습을 상상하고 꿈을 꾸는 것이 사는 동안 즐거움이고 행복이다.

지금도 여전히 나는 사람들에게 종종 언제 가장 행복하냐고 물어본다. 철학적인 말이 나올 것 같은 답변을 기대하지만 거의 행복을 느끼는 건 소소한 일상들이었다.

> 우리의 행복이란 우리가 어떤 사람인가에 달려있다. 행복은 '있는 그대로의 우리 모습'에, 우리가 어떤 사람인지에, 우리가 느끼고 이해하고 원하는 모든 것이 어우러져 빚어낸 결과인 내적 만족감에 달려있다. 행복은 본질적으로 개인의 감성과 인격의 문제이다.
>
> – 아르투어 쇼펜하우어(Arthur Schopenhauer)

행복이 대단한 노력 뒤에 오는 성과가 아니다. 가끔 아무 생각 없이 걷는 순간도 행복하고, 마음 편한 친구를 만나 수다를 떨 때도 행복하고, 봄에 핀 꽃들을 보는 것도 행복하다. 잔잔한 호수에 흘러가지 않는 물을 보고 커피 한잔 마시는 것도 행복한 일이다. 뭔가 노력 뒤에만 오는 행복이 아니었다. 사업을 하면 행복할 것 같고, 외모가 예쁘면 세상 부러울 게 없어 보여 행복할 것 같지만 우린 각자 가지지 못한 것들을 아쉬워하며 살아간다. 누구나 100퍼센트 가진 사람도, 못 가진 사람도 없다. 가진 것에 감사하고, 부족한 것이 많아서 감사하고 행복하다. 그것을 배워 가며 사는 것이 행복이다.

초심을 절대
잃지 말자

처음 피부관리 일을 배우면서 빨리 배우고 싶고, 프로가 되고 싶다는 욕심에 배우는 대로 연습하며 실력을 쌓아나갔다. 실력을 뽐낼 생각에 아마추어가 아닌 프로 흉내를 내며 열심히 관리를 진행하는데 고객의 말 한마디에 기가 죽었다.

"선무당이 사람 잡네!" 20년이 훌쩍 지난 지금도 기억이 생생하게 난다. 요령도 모를 시절에 땀을 뻘뻘 흘리며 성의를 다해 케어를 했는데 돌아오는 말은 칭찬이 아니었다. 초보 때는 배워도 뒤돌아서면 기억이 나질 않는다. 배워야 할 프로그램은 방대하고, 숙련된 기술자는 아니어도 기본이라도 알면 덜 지쳤을 것 같았다. 그래서 공부는 해본 사람만 한다는 말이 맞구나 싶다. 배울수록 배울 게 많아지고, 공부도 한 사람이 더 많이 하는 것 같다.

아무것도 모르는 초보가 여러 업무를 익히고, 화장품, 관리 프로그램 교육을 소화해 나가기가 부담스러운 시절이었다. 그런 상황에서 배운 걸 몸으로 익혀 놓지 않으면 생각나지 않을 때가 많아서 고객에게 서비스 해주며 기술을 익히는 방법을 선택했다. 원장님은 고객 컴플레인에 조심스럽게 응대해 드렸고, 나는 고객의 반응과 눈치를 살펴 가며, 포기하지 않고 묵묵히 관리를 진행했다. 부족하지만 열심히 하고 노력하는 모습에 원장님은 "초심을 잃지 않으면 성공해"라고 위로를 해주었던 말이 기억에 남는다.

일할 때마다 육체적인 노동과 감정노동이 심해 포기하고 싶을 때가 많았다. 사람은 각자 감정을 지녀서 사람의 개인 성향을 맞춰 주는 서비스업은 적성에 안 맞는 직업이라고 생각했다. 육체적인 노동도 힘들고, 사람들의 비위도 맞추는 일은 더더욱 몸이 힘들어지면 웃음기도 사라진다. 몸은 지치고 서비스업이란 이유만으로 웃어야 하고, 목소리는 높여서 부드럽고 밝게 응대해야 하는 일이 부담스럽게 다가왔다. 이 직업을 손 놓고 싶었다. 내 몸이 힘들 때마다 덜 힘든 일은 없을까 생각하며 다른 분야의 일을 찾아보기도 했었다. 새로운 일을 찾아도 배워야 하고, 모든 게 시작인 출발선이다. 아마추어에서 프로는 아니어도 초보 딱지는 떼고 말겠다는 다짐으로 버텼다.

나는 일을 하면서 고객을 응대하는 일에는 소홀하진 않았다. 서비스업은 기본 친절이 몸에 익숙해야 하고 그런 서비스를 받기 위해서 고객이 찾아오는 곳이니까. 고객 관리에 있어 세밀하게 고객의 컨디션을 살피고, 불편한 건 없는지 챙기는 습관이 생겼다. 피부관리 일에 있어 특별히 마음이 요지부동하진 않았던 것 같다. 일이 힘들면 금방이라도 그만두고 다른 일을 찾아보고 싶었지만, 그러기엔 모든 게 어색해질 것 같았다. 서울 생활이 어려워질 건 불 보듯 뻔한 현실이다.

일하면서 힘들고 속상할 땐 공원 벤치에 앉아 마음을 잡았다. "경력이 쌓이고, 실력이 늘면 지금보다는 더 나아질 테니까 힘내자"라며 나를 다독였다.

몸은 쓰라고 있는 건데 부지런히 잘 사용하고 반납해야지

고객 관리를 할 때 내 몸이 편한 쪽으로 일을 하려고 해도 초심을 잃을 것 같은 모습을 보는 것이 더 불편할 것 같은 생각이 들었다. 차라리 내가 조금 더 힘들고 상대가 편한 쪽을 선택하는 게 좋다는 생각이 들었다. 그러면서 고객의 만족도가 높으면 일에 대한 보람으로 꽤 오랜 시간을 버틸 수 있었고, 지금까지 일을 하면서 올 수 있었던 유일한 희망이었는지 모른다. 그래서 몸이 피곤해도 처음 마음과 크게 벗어나지 않도록 고객에게 관리를 해드린다.

초심은 내가 하는 일에서도 누군가를 만나는 관계에서도 늘 기억하고 있는 말이다. 한번 관리를 받아 본 고객들은 계속해서 나를 찾는다. 처음만 잘해주고 두세 번째 크게 바뀌는 스타일이 아니고 갈수록 더 잘하려는 모습 때문인지 좋아하신다.

일에 있어서 기복이 심한 편은 아니다. 내가 하는 일을 꾸준히 20년 넘게 해온다는 것은 쉽지 않았다. 그럼에도 고객을 대하는 첫 관리부터 끝날 때까지 변함없이 관리가 진행되고 고객을 통해 보람이 컸기 때문에 해오지 않았나 싶다. 오랜 시간 서비스 업종에서 일을 해오면서 사람들을 많이 만났다. 직업 특성상 사람들의 행동들을 유심히 보는 습관이 생겼다. 장사하시는 분이나 서비스업에서 사람을 대하는 태도를 보면 목적하는 바를 이른 후 어느 일정 시간이 지나면 대하는 태도도 많이 달라지는 경우를 종종 본 적이 있다.

물론 사람이 하는 일은 기계가 아니어서 매번 같을 순 없다. 힘들어서 그럴 수 있다고 이해는 가지만 돈을 쓰는 사람이 나라면 불편한 마음이 생길 것이다. 그래서 입장을 한번 바꿔 생각해보면 초심을 잃지 말아야겠다는 다짐을 다시 하며 지금까지 온 것 같다.

가끔 단골 가게를 찾아간다. 무엇을 사든 먹든 서비스업에 대한 사람들은 기대심리를 가지고 움직이는 것 같다. 친절하게 응대해 줄 거란 기대심리에 부응하지 않으면 실망감을 가지고 떠나기도 한다. 대단한 서비스를 받기를 원하는 것보다 친절한 서비스를 바라지 않을까 생각을 한다. 따뜻함이 느껴지는 서비스를 받는다는 느낌이 안 들면 가고 싶지 않을 것 같다. 초심은 서비스업에만 국한되어 있진 않지만 유독 서비스업에 집중되어있는 것 같다.

사람을 만나고 관계를 맺고 지내는 일에서도 초심은 중요하다. 변덕을 부리거나 감정 기복이 심했던 내가 일에서 변덕부리지 않고 감정 기복이 심하지 않았던 이유는 초심을 잃는다는 두려움이 있었다. 처음과 끝이 다른 모습을 보이면서 뒤에 오는 후폭풍에 대한 두려움 때문이었는지 나 스스로가 변하는 게 싫었다. 첫 마음을 잃어버리면 어떤 모습으로 변해있을 생각만 해도 싫었다.

특히 서비스업은 민감한 부분들이 많다. 때론 내 표정의 변화에도 민감하게 반응하는 고객들을 보면 조심하지 않을 수 없다. 무던한 사람을 좋아하는 이유가 한결같은 사람이 편안하고 안정감을 주기 때문이 아닐까 싶다. 특별히 변덕이 심하지 않고 감정 기복이 죽 끓듯 한다면 지내는 내내 불안과 두려움이 찾아올 건 뻔한 일이다. 내 인생은 롤러코스트처럼 굴곡이 많았다. 그럼에도 불구하고 일에서 고객을 응대하는 일에서는 변덕을 심하게 부리지 않았다는 것이 자신에게 최고로 고맙다.

걸음걸이만큼은 부자처럼

초등학교 가기 전 아버지가 걸음걸이 연습을 시킨 적이 있다. 내 걸음걸이가 어땠는지 기억은 전혀 나질 않지만, 지금 생각해보면 팔자걸음을 걷지 않았을까 생각이 든다. 아버지는 걸음을 걸을 때는 무릎과 무릎이 스쳐 지나가야 하고, 허리는 꼿꼿하게 세우고 걸어야 한다고 했다. 강도 높은 건 머리에 책을 이고 한 걸음씩 걷도록 연습을 시켰고, 책이 바닥으로 떨어지는 순간 내 걸음걸이는 불량이란 말이었다. 걸음걸이를 신경 쓰고 지낼 나이도 아니었지만, 아버지는 걸음걸이 혹독하게 시켰다.

미스코리아 시킬 것도 아닌데 아버지는 왜 그렇게 걸음

걸이에 신경을 써서 연습을 시켰는지 모르겠다. 그런데 살다 보니 아버지가 가르쳐 준 걸음걸이가 도움이 되었다. 모델이 될 것도 아니었지만 삶에서 자포자기 될 때 기운 없는 자세를 보인 적은 별로 없었던 것 같다. 어떤 상황에서도 자세만큼은 흐트러지지 않기 위해 노력하는 습관이 생긴 것 같다. 학교 수업시간이나 누군가를 만나는 모임에도 자세 좋다는 말을 많이 듣는 편이다. 기운 없이 맥이 빠지는 날에도, 몸을 흐느적거리거나 고개를 뚝 떨궈 걸어 본 적이 없다. 그럴수록 자세를 바르게 잡고 있으면 정신이 맑아지는 느낌을 받을 때가 많았다.

정신 줄 바로잡는 방법, 바른 몸, 바른 자세

'똑바로 살아야지.' 스스로 마음을 다잡고 움직이는 자신을 볼 때면 자세가 정신과 얼마나 연관이 많은지도 알게 되었다. 자세가 무너지면 정신이 무너지는 것 같아 오히려 몸을 바르게 잡기 위해 요가를 배우거나 운동을 했다. 생각이 몸을 지배하지 않도록 몸이 건강해야 바른 정신을 지배할 수 있는 마음으로 부단히 노력했다.

나는 직업상 사람들의 몸의 균형이나 자세를 유심히 보는 경향이 있다. 직업병이다. 감정이나 생활 습관에 따라서 자세의 변화는 다양하게 나타난다. 감정 변화에 따라 사람 얼굴에 나타나는 반응도 보지만, 나는 주로 몸의 움직임을 많이 보는 편이다. 얼굴에서 나타나는 감정 변화만큼이나 자세에서도 많은 걸 나타내기 때문이다.

가난하지만 몸으로 가난함을 익히지 않아 아버지에게 고마움을 느낀다. 때때로 기운 없을 때 자신감 없고 무너지고 싶은 순간에도 자세 정비를 한다. 신기하게도 자세를 바로 세우면 정신이 바로 선다. 그래서 어떤 순간에도 자세나 걸음걸이가 무너지지 않도록 노력한다. 돈 없다고 흐느적거릴 필요 없고, 삶이 조금 고단하다고 해서 고개 떨구며 다닐 필요 없다. 어차피 의지를 살려 당당하게 걸으며 정신을 집중시켜 걸어보는 것이다.

나는 기분이 안 좋을 때 감정에 몰입하기 싫어 옷을 더 신경 써서 입고 다닌다. 옷을 잘 입으면 걸음걸이도 신경 쓰는 부분이다. 옷을 어떻게 입느냐에 따라서 몸가짐도 달라지고 생각도 차분하게 정리되는 것 같아 상황이 힘들수록 옷은 밝고, 정돈되게 차려입는다. 오래전부터 해오던 습관으로, 감정에 따라 자세가 흐트러질 것 같으면 옷으로 자세를 잡는다. 그러고 나면 기운도 나고 흐트러질 것 같은 순간에도 몸의 에너지가 생긴다. 가끔은 내게 주어진 상황에 따라서 감정대로 살았다면 난 어떻게 되었을까 생각이 든다. 늘 근심에 얼굴 찌푸리고 기운 없어 처진 채로 내버려 두고 걷고 싶은 대로 흐느적거리며 왔다면 아픈 사람이 되어있지 않을까 싶다.

어느 날 거울을 보는데 미간에 주름이 유독 신경 쓰였다. 습관적으로 인상을 찌푸리고 짜증이 나면 미간에 힘을 주고 '나 화났으니 건드리지 마' 경고장을 써 붙이고 다니는 것 같아 보기에 좋지 않았다. 보톡스를 맞지 않는 이상 없어지지 않을 것 같고, 미간 주름이 패이지 않기 위해서 방법을 찾아야 했다. 그때 생각했던 방법은 화나거나 짜증 날 일이면 무표정으로 있는 것이었다. 100퍼센트 인상을 안 쓸 순 없지만 적어도 많이 줄었다. 그리고 웃을 일에는 마음껏 웃었다.

단번에 많은 걸 바꿔나갈 순 없다. 하나씩 습관이 되도록 적응시킨 다음 바꿔가면 된다. 노력은 단번에 되는 게 아니고 시간이 필요하다. 준비하는 마음으로 살아가면 좋지 않을까 생각을 해본다.

'상황이 되면 한다는' 마음가짐보다 준비하는 마음으로 먼저 살아보면 좋지 않을까 싶다. 걸음걸이 하나 가지고 인생 바뀐 것이 있냐 묻는다면 없다. 그렇지만 성공한 사람들의 자세만 봐도 몸이 구부정하거나 흐트러진 사람은 거의 없다. 자세 때문에 인생에 큰 변화는 없지만 기죽지 않고 당당하게 살아나가고 있는 자신이 자랑스럽다.

지나가는 사람 중에 눈에 띄는 사람들이 있다. 걸어가는 자세에도 카리스마 있는 사람이 있다. 멋을 내지 않아도 멋스러움이 묻어난다. 그것의 가장 기본이 자세라는 생각이 든다. 태도가 품격이 되어 멋진 당신, 멋진 오늘을 사는 My Life.

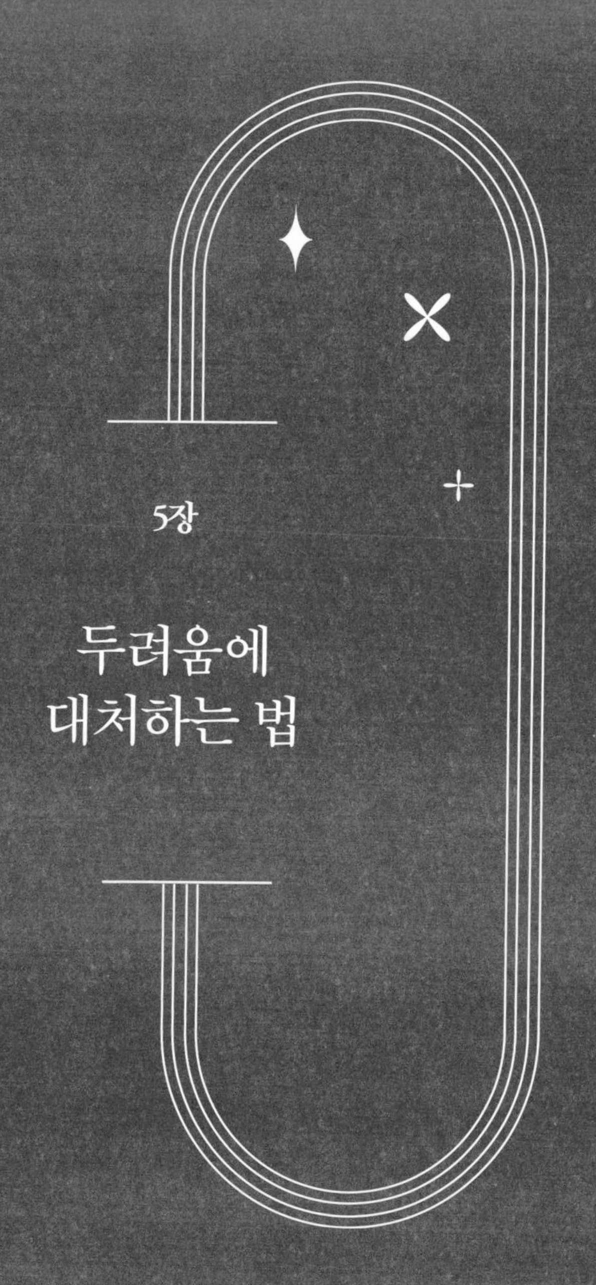

5장

두려움에 대처하는 법

오늘이 두렵다면 그리고 미래가 두렵다면 행동하라

오늘을 살아가는 데 게을리 지낼 수 없는 이유는 어쩌면 불안한 미래에 대한 두려움이 크기 때문일 것이다. 어떤 일이나 상황이 어떻게 펼쳐질지 모르는 막연한 현실에서 미래를 살아가는 방법은 오늘을 충실하게 살아나갈 수밖에 없는 일이다. 오늘을 어떻게 살아내느냐에 따라 내일을 기대해 볼 만하다.

광범위하게 들리는 말이지만 오늘의 노력이 결과로 쌓이지 않으면 내일은 기대보단 실망이 커질 이유밖에 없다. 그래서 오늘의 내가 어떻게 살아가느냐에 따라서 미래를 기대할 희망이 있다고 생각한다. 나는 그랬다. 미래에 대한 두려움이

켰다. 비빌 언덕도 없이 오로지 혼자서 버티고 살아나가야 할 현실은 만만한 곳이 아니었다. 그런 삶을 살아내야 할 현실은 치열하게 살아내야 하고, 일곱 번 넘어져도 야생초처럼 몸을 일으켜 앞으로 내몰아야 했다. 그렇게 살아내지 않으면 포기하고 주저앉아버릴 것 같아서였다.

> 공포와 불안, 두려움을 느낄 때는 자신의 모든 감정을 벽돌처럼 따로 하나하나 떨어뜨려 놓은 다음 다시 한 개의 선 위에 그것들을 올려보라. 인생이란 이 벽돌들을 단단히 쌓아가는 작업임을 알면 '두려움'이란 벽돌을 어디에 어떻게 배치해야 무너지지 않을지 깨닫게 된다. 두려움은 무조건 부정적인 감정이 아니다. 반드시 부수고 없애야 할 벽돌도 아니다. 적당한 순위에 재배치된 두려움은 우리를 안전하게 이끈다. 안전하면서도 근사하고 멋진 집을 짓고 싶다면 두려움을 어떻게 쓸지를 자연스럽게 알게 된다.
>
> – 팀 페리스, 《타이탄의 도구들》, 박선령·정지현 역, 토네이도, 2018

내일을 알 수 없는 것에 대한 불안과 두려움, 현실에 처해 있는 불안한 상황들이 미래에 대한 두려움을 더 느끼게 했다. 행동하고 움직이지 않으면 얻을 수 있는 결과를 아무것도 기대할 수 없다. 오늘의 게으름으로 내일은 배고픔의 현실이 코앞에 앞서 노크할 수도 있다. 나는 실패를 두려워하지 않는다. 왜냐면 하고 싶은 일을 해보지 않고 뒤늦게 후회하는 일보다 낫다고 생각하기 때문이다. 행동하고 실패할 때 잃는 것도 많지만 얻는 것도 많다. 실패는 평소에 문제로 보이지 않았던 것을 세밀하게 볼 수 있는 눈을 가지게 해주는 것 같다.

늦었다고 포기를 단정할 필요 없다

중고교 시절, 공부라면 하기 싫었다. 성적은 볼 것도 없었다. 그렇다고 말썽을 부리거나 노는 아이는 아니었다. 그냥 공부가 싫었다. 어릴 때 성적표를 받아 볼 때마다 자존심은 상했고 듣기 싫은 말을 들으면 괜히 짜증만 나고 상처가 되었던 기억이 난다.

뭐든 나은 삶을 살기 위해선 계획을 세워야 했다. 공부를 떠나 다른 무엇인가 잘하는 일을 하면서 공부를 해도 늦지 않겠다는 생각을 하면서 말이다. 인생은 늦을 때란 없다는 생각을 한다. 포기하지 않으면 어느 때든 본인이 시작하면 뭐든 가능하다고 생각한다.

만약 인생의 늦었을 때를 단정해 버리면 나는 이미 늦었고, 불안한 인생을 위해 하루 전전긍긍하며 사는 사람이다. 자신의 미래의 삶을 아는 사람이 얼마나 될까 싶다. 하지만 오늘을 어떻게 살아가고 있는지 나를 보면 조금의 가능성을 예측할 순 있겠지. 어쩌면 우리가 사는 오늘을 담보로 내일을 바라보고 준비하며 사는 게 아닐까 싶다.

낯선 환경일수록 빨리 적응하는 게 최선이다

환경에 따라 자기 몸 색깔을 바꿀 수 있는 카멜레온처럼 어느 낯선 환경에 가도 덜 긴장하도록 빨리 적응하도록 노력한다. 그렇다고 사교성이 좋거나 말을 재밌게 하는 스타일도 아니다. 상황 적응 능력이 조금 빠를 뿐이다. 이런 내 모습을 볼 때마다 카멜레온 같은 느낌이 든다.

어릴 땐 어떤 이유 때문인지 이사를 자주 다녀 초등학교 친구들과 오랜 시간을 보낸 적이 별로 없었다. 낯선 서울 생활을 하면서 다양한 사람들을 만나는 직업을 가진 탓에 이런 상황들을 빠르게 적응하게 된 이유가 된 것 같다.

처음은 어렵지만 두 번째는 조금 더 쉽다

특히 초행길을 갈 때와 두 번째 같은 길을 갈 때와는 느낌이 사뭇 다르다. 덜 멀게 느껴지기도 하고 불안한 느낌도 덜 들기도 하고 말이다. 새로운 일을 시작하거나 낯선 환경일수록 요란스럽게 상황을 받아들이려고 분주하게 움직이는 편은 아니다. 침착하게 상황에 적응하려고 노력하는 편이다. 고등학교 졸업하고 서울 생활을 하면서 한동안 적응하기 힘든 적도 있었다. 친구도 없고 서울지리도 모르고 지하철을 어떻게 타는지도 몰라서 집과 직장에서 벗어나 움직이는 건 생각하지도 못했다.

처음 떠나온 서울 생활이어서 적응하는 시간이 필요했고, 친구들이 생기고 함께 움직일 수 있는 사람들이 생기면서 서울 생활도 어렵지 않게 견뎌낼 수 있었다. 중학교 동창인 친구는 서울 자취를 해보겠다고 몇 번을 올라왔다가 적응하기 어려워 다시 지방으로 내려갔고 결국엔 고향에서 지내고 있다. 지인들은 내가 오랫동안 서울에서 지내고 있는 걸 대단하다고 말하는 사람들이 많다. 물가도 비싸고 집값도 너무 비싼데 어떻게 지내는지 모르겠다고 한다.

내 동생이 하는 말이 있다. 가끔 나를 보러 온 여동생이 서울에 올라오면 꼭 하는 말이 있다. 서울에서 살라고 큰돈을 줄 테니 살아보라고 해도 자기는 절대 못 살 거라고, 아니 안 살 거라고 한다. 포항보다 춥고 사람도 많고 차도 많아서 싫다고 말이다. 살아보지 않아도 서울 생활은 만만한 곳은 아닌 것 같다는 생각을 한다.

익숙함에 젖어 편하다고 생각하지만 처음 서울에 올라왔을 때 막막함과 어떻게 살아가야 할지 모를 때를 생각하면 참 힘든 곳이다. 경제 활동을 할 기회는 많아도 물가와 집값은 상상을 초월하는 수준이기 때문이다. 1년 가까이 숍에서 먹고 자면서 숙달되지 않는 기술을 습득하며 생활했다. 현금 10만 원이 전 재산이었고 돈이라곤 전혀 없었다. 벌면 된다는 생각으로 서울로 올라왔기 때문이다. 20대의 겁 없는 외출이었다.

익숙한 곳에서 오는 편안함을 벗어나긴 쉽지 않다. 나는 익숙한 곳에서 오는 편안함도 좋아하지만 새로운 곳에서 보지 못한 다양한 삶의 모습들을 보는 것도 좋아한다. 그런 성향 때문인지 일본 유학 생활도 빨리 적응을 해나갔던 것 같다. 나는 동적인 활동을 좋아하는 편은 아니지만 혼자 조용히 산책하거나, 버스나 기차를 타고 혼자 여행하는 것을 좋아한다. 익숙한 곳을 떠나게 되면 모든 곳이 낯선 곳이고, 조용히 시간을 보내다 보면 그곳은 다시 익숙한 곳이 된다. 일본 유학을 하고 몇 년 만에 일본을 다시 간 느낌은 고향을 찾은 기분이었다. 편안했고 정겨웠다.

처음 일본에 갔을 때 어떻게 적응하며 살아야 하나 막막함이 있었다. 지나가는 사람들만 봐도 어떻게 아무렇지 않게 살아가는지 신기할 정도로 부러웠던 적이 있었다.

낯선 환경에 익숙해지는 건 환경에 빨리 적응하는 방법밖엔 없다. 일본에는 공원이 많다. 집 근처 공원을 자주 나가 산책을 하고 주변 환경에 낯설지 않게 공원을 자주 나가 산책하고 익숙하고 편하도록 적응시켰다.

호주 생활도 마찬가지다. 주변 산책을 하면서 사람들에게 정보를 듣고 적응하도록 노력을 했다. 낯선 곳에서의 빨리 적응을 하게 되면 낯선 환경에 반복적으로 몸이 적응하도록 노출 시키는 것이었다. 활동 영역도 넓어지고 다양한 문화 생활도 할 수 있고 친구들도 사귈 수 있는 여유도 생긴다.

라테 한잔으로 삶의 여유를 찾는다

라테 한잔 마실 여유가 있다는 게 행복하다. 여유롭게 앉아 마시지 않아도 좋다. 출근길 사람이 많은 거리에서도 라테 한잔 마시는 그 순간만큼 꽉 막혀 있는 숨구멍이 뻥 뚫리는 기분이 든다. 오래된 습관인지도 모르겠다. 습관처럼 마시는 것도 있지만 커피는 내 인생이다. 그냥 인생이라고 말하고 싶다. 라테 한잔은 위로가 되었고, 기쁨이 되었고, 친구가 되어 온 시간이다. 글을 쓰고 있는 지금도 여전히 내 옆엔 라테 한잔이 있다.

오래전만 해도 커피 마시겠냐고 물으면 커피 싫다고 말하던 사람들이 주변에 꽤 많았었다. 이제는 예전보다 커피를 즐겨 마시는 사람들이 많이 늘어난 것 같다. 혼자 마시는 커피도 나쁘지 않지만 함께 마시는 커피는 더 맛있다. 좋은 사람들과 커피를 마시고 좋아하는 라테를 마시며 즐거운 시간을 보내는 것은 내가 살아가는 즐거움 중에 하나다.

내가 일하는 주변에 커피숍이 있으면 행복하다. 아프면 약국을 가볍게 찾는 것처럼 마음이 복잡하고 생각이 많은 날에는 커피숍에 들어가 라테 한잔 마시고 나오면 금방이라도 안정감을 찾는다. 무거웠던 마음이 살짝 진정되는 기분이 든다.

커피가 주는 안정감은 나만 아는 기분일까. 담배를 피우는 사람들 말을 들어보면 화가 나거나 스트레스를 받았을 때 담배를 피우면 기분이 차분해진다는 말을 들었던 기억이 난다. 딱 그런 기분이다. 나는 혼자여도 별로 외롭지 않다. 커피가 주는 든든함이 있다. 커피가 그렇게 좋냐 물으면 '커피는 인생이다'라는 말을 한다. 그렇다, 인생이다.

나는 커피 없는 인생을 꿈꾸지 않는다

커피 맛을 잘 아는 편은 아니지만 라테 만큼은 내 취향의 맛을 잘 가려낸다. 커피를 좋아해서 바리스타를 꿈꿔본 적도 있었다. 앞으로 불가능한 일은 아니지만 언젠가 해볼 일일지도 모르겠다. 나는 지나치게 달거나 시거나 짜거나 매운 걸 좋아하는 편이 아니다. 라테 한잔을 주문할 땐 꼭 설탕 하나를 넣는다. 설탕의 달콤한 맛이 기분을 좋게 만드는 이유 때문인지도 모르겠다. 아침 출근길이 피곤할 때는 어김없이 라테 생각이 난다. 사랑하는 사람이 생각나면 피로가 쫘악 풀리는 기분만큼이나 커피는 나에게 있어 그런 존재다.

카페라테 한 잔를 마시면서 지하철을 타고 출근하는 길에는 복잡한 생각에서 자유로워진다. 생각을 정리할 수 있는 시간적 여유가 생기는 기분이 들기도 하고, 뭉쳐 있는 피로도 풀린다.

예전에는 라테 한잔 들고 버스를 타고 자유롭게 이용하던 때가 좋았다. 언제든지 마시고 싶으면 자유롭게 들고 탈 수 있었는데 요즘은 버스에선 커피를 들고 탈 수 없게 되었다. 아쉽다. 내 취향에 맞는 커피를 잘 내려주는 커피숍에서 뽑아 갈 수 없다는 게 아쉽게 되었다. 그러다 보니 그냥 라테라도 주문할 수 있는 카페가 있다는 것만으로도 감사할 일이다.

일본 유학 생활 중에 미래에 대한 두려움이 심했던 적이 있었다. 현재 불안정한 삶에 대한 두려움과 미래에 대한 불안감에 걱정이 많았다. 그때마다 답답한 현실을 어떻게 이겨내야 할지 막막했는데, 언제나 커피가 위안이 되었다. 마음의 여유를 찾는다는 기분이랄까.

사업, 비록 실패는 했지만 배운 것은 있다

나는 매사에 일을 선택하거나 일을 할 때 신중하게 생각하고 결정하는 편이 아니었다. 어떤 일을 하고 싶다는 생각이 들면 동물적 본능처럼 단순하게 결정하는 편이었다. 쉽게 결정하고 움직이는 편이라 해야 할 일이 생기면 속전속결로 일을 해버리는 성격이었다.

물론 지금은 반복적인 실패의 경험으로 선부른 결정을 내리는 편은 아니다. 해보기 전에 생각만 하고 포기하는 것보다 해보고 포기하는 쪽을 선호하는 편이다. 남이 하면 쉬워 보이는 일들이 정작 내가 해보면 쉽지 않다는 사실을 깨닫게 된다. 그러고 나면 해보지 않는 일에 미련이 생기지 않기 때문이다.

그래서 실패에 대한 두려움이 별로 없었다. 잘되면 돈을 버는 거지만 실패하면 경험을 통해 배운다는 생각이 자리 잡고 있어 실패에 대한 두려움과 공포는 없었다. 지금도 마찬가지다.

예전보다 신중하게 생각하고 움직이고 있다. 천천히 간다고 해서 느리지 않다는 것을 깨달았기 때문이다. 성급함에 쫓아 일을 시작하면 빠른 감이 있지만 준비되지 않는 일들로 부딪히는 경험을 하게 되고 그러다 보면 일의 효율성은 떨어지기 마련이다. 피부관리실을 운영하면서 세금, 직원 관리, 급여체계나 복지, 교육 외에도 숍 운영에 대한 전반적인 지식이나 노하우도 필요로 했다. 단순히 기술만 가지고 운영만 한다고 해서 경영이 잘 되는 건 아니라는 사실을 뒤늦게 배우게 되었다.

'그냥 하면 되겠지'가 준 깨달음

나는 자급자족해야 하는 사람이다. 아파서 일주일만 쉬어도 월세며 생활비며 온갖 공과금들이 하늘에서 비가 오듯 쏟아져 내린다. 경제적으로 자유롭고 싶은 마음에 사업을 계획했다. 인생은 부딪혀 살아보면 모든 걸 다 해낼 줄 알았다. 그래서 시작하게 된 피부 미용과 플라워 숍 사업은 결국 운영 능력 부족으로 실패를 거듭하게 되었다.

누구나 시작할 수 있는 일이다. 단순히 실무에서 오랜 경험이 있어 무리 없이 사업을 할 수 있겠다는 의지만 있었던 것 같다. 고객 응대며 케어는 무리 없었지만 직원 관리와 매장 운영에 있어 세부적인 사항들을 알아가는 과정이 필요한데 이 부분이 약했던 것이었다. 주변 상권도 알아보고, 경영에 대한 기본 지식 정도는 알아야 하는데 무지했었다. 고객 케어에 자신이 있어 매장만 차리면 돈은 그냥 벌 수 있을 거란 자신이 있었다.

지금 생각해 보면 남들이 쉽게 하는 사업을 겉만 보고 따라 하는 격으로 흉내만 낸 게 아니었을까 싶다. 사업을 할 때 어떻게 일을 해야 하는지 계획을 짜고 필요한 정보들도 찾아보며 준비해야 하는데 필요한 정보는 무시하고 기술만 가지고 뛰어들었다. 물론 하면서 배우며 익히는 사람들도 있겠지만 귀찮고 번거로운 일에 있어서 게으른 편이었다.

나는 10년이 넘는 동안 피부미용은 적성에 맞지 않아 다른 일 찾기에 바빴다. 그리고 어떻게 하면 지금의 일을 그만둘 생각에만 몰입하고 있어 고객의 서비스는 별생각이 없었다. 피부숍을 정리하면서 적성에 안 맞는 표현을 많이 했다. 피부숍은 적성에 안 맞는 일보다 준비가 미흡했던 것이고, 관리 능력이 부족했던 것이었다. 다시 직원으로서 시작해서 몰랐던 부분들을 차근히 밟아 배워간다는 생각을 하고 시작했다. 그리고 사업하기 전과 사업하고 나서의 행동은 많이 바뀌었다. 직책이나 급여에 맞는 능력을 업그레이드하는 것이다. 단순히 경력이 쌓였다는 이유만으로 연봉을 높이는 것이 아닌 연봉과 직책에 맞는 업무능력도 함께 준비해야 한다는 것이다.

실패는 초심으로 돌아가는 이정표

예전보다는 직장 생활에 대한 내 생각이 바뀌어서 그런지 책임의식이 많이 높아진 편이다. 앞으로 다른 사업을 준비하는 계획에 있어 예전처럼 성급하게 준비하거나 오픈할 생각은 없다. 나는 남들이 보면 행동이 빠른 편이어서 도전적인 사람이라는 인식이 있다.

그렇지만 반대로 생각해 보면 성급함과 무계획적인 행동들로 인해 실패도 남들보다 많이 한 편이다. 나는 어릴 때부터 부모의 아래 지낸 적이 별로 없어서 모든 의사결정권은

나 자신에게 있었다. 결정에 따라 움직이고 생활한 것이 너무 오랜만이라 그런 것일까. 조직 내에서 누군가의 의사결정에 따라 지시받고 움직이는 것이 부담스러울 정도로 힘이 들었다. 이런 성격 탓에 사업을 하고 싶었던 꿈이 현실에 더 가깝게 다가왔을 때 계획하고 준비하는 과정 없이 오픈을 했었던 것 같다. 물론 지금은 직장 내에서 오너의 지시를 받고 일을 하고 있다. 나는 실패의 경험을 통해서 성장했다고 말해도 과언이 아니다.

사업 실패로 인한 빚도 어마어마하게 생겼고, 인생 쓰나미를 겪는 시기였다. 어쩌면 이런 과정을 통해서 남 밑에서 시키는 대로 일을 하는 안정적인 직장 생활을 거부했는데 언제부터 직장 생활에 대한 고마움과 미처 관심 없었던 경영을 배우며 직장 생활하고 있지 않나 생각이 든다.

빨리 시작한 사업이 실패를 하면서 꽤 돌고 돌아온 기분이 든다. 주변에서 보면 피부 미용 일을 늦게 시작했지만 아주 성공적으로 일을 하는 사람들을 보면서 느린 것이 느린 게 아닌 생각이 든다.

실패를 통해서 배우게 된 점은 초심으로 돌아갈 줄 아는 힘이 생겼다. 위에서 아래로 내려간다는 것은 실패한 인생 같아서 고집스럽게 버텼다. 그러나 버틸수록 시간만 축내는 바보 같았다. 실패는 패배가 아니다. 상황이 잘못되었다는 생각이 들면 다시 잘못된 점을 찾고 돌아가면 된다. 가장 낮은 마음으로 배우겠다는 초심으로 이것이 나에게 기회를 주는 시간이라고 생각하고 있다.

고통스러울수록 냉정하게 현재 상황을 들여다보라

자신의 삶을 객관적으로 본다는 것은 결코 쉬운 일이 아니다. 인생에서 경험한 일들이 어려울수록 삶에 대한 원망이 쌓이는데, 내가 겪어온 인생은 내 맘대로 할 수 없는 지독한 상황이었다. 부모로부터 사랑은커녕 뜻하지 않는 가장의 책임감을 먼저 떠안겨 살아내야 하는 방법과 눈치만 늘어 주위 상황에 예민하게 반응하는 법을 더 빨리 배워온 것 같다. 내 안의 상처로 생겨난 모습을 들여다 보는 것보다 상처를 준 사람들의 미움과 원망이 다른 방법으로 풀어내기 바빴다.

보기 싫은 현실도 볼 수 있어야 한다

그래서 상처를 주는 나의 행동보단 받은 상처를 보호하기에 급급해 방어적인 자세로 인생을 살아왔다. 내 방법대로, 내가 덜 아픈 방법으로 사람들과의 관계를 맺을수록 대인관계는 더 칼날처럼 상처만 입히는 쪽이 돼버렸다. 내 아픔이 싫어 누군가의 아픔 따윈 신경 쓸 겨를도 없었다.

어쩌면 신경 쓰고 싶지 않았다. 찔러도 피 한 방울 흘릴 것 같지 않다던 나를 보던 사람들의 시선이 말을 해줄 만큼 감정이 부드럽거나 따뜻한 사람이 아니었다. 냉정하고 차갑고 거친 사람이었다는 표현이 맞을지도 모르겠다. 나는 항상 옳다고 생각하고, 바르다고 생각하면서 남을 냉정하게 판단하고 비판하며 살아왔다. 정작 완벽한 사람은 없다는 걸 알면서 완벽함을 요구했다.

번갯불에 콩 볶아 먹듯이 살아온 삶

나는 꽤 오랜 시간 동안 돈으로 인해 문제들이 끊임없이 많았다. 개인 사업을 시작해서

빚을 지기도 했고, 돈을 벌면 배우고 싶은 일들로 목돈이 나가면 돈은 언제나 부족한 상황들이 생겼다. 하고 싶은 일을 하면 뒤를 생각하는 편이 아니었다. 일단 하고 싶은 일을 먼저 하고 후에 생각하는 편이었다. 자금난으로 생활의 어려움을 겪다 보면 가난한 상황이 원망스러울 때가 많았고, 상황을 피하면 뭔가 나아질 것만 같은 마음으로 벗어나고 싶었다.

그래서 새롭고 낯선 환경에 나를 옮겨놓고 싶은 마음에 안주하고, 떠나고 싶은 마음이었다. 상황을 피하면 머리가 가벼워지는 느낌에 환경을 바꾸는 것으로 문제가 해결될 거란 막연한 기대감이 내 안에 뿌리내리고 있었던 것 같다.

그러나 내가 바뀌지 않으면, 해결하려 하지 않으면 아무것도 인생은 바뀌지도 달라지지도 않는다. 고단하고 피곤한 삶을 자처해서 살았는지 모르겠다. 그러면 안 된다는 것도 뒤늦게 깨닫게 되었지만 말이다. 문제해결은 결국 남이 대신해 줄 수 있는 게 아니다. 문제를 해결할 수 있는 능력은 결국 내 안에 있고, 그 문제를 해결해 나가는 과정에서 성장하고 배우게 된다.

내 안의 나를 보는 힘이 부족할수록 내 안에 나를 마주 보는 게 두렵다

누구에게나 돈은 필요하고 없으면 불편하다. 어릴 때부터 돈 버는 방법을 배우지 않아도 살아가기 위해 자연히 돈을 벌어야 하고 돈을 벌어서 써야 한다는 것을 기본적으로 안다. 습득해서 알아가는 것이 아닌 자연적으로 말이다.

어떻게 보면 돈을 버는 것은 자신이 좋아하는 일을 위해 아주 자연스러운 일인지도 모르겠다. 그렇지만 돈을 쓰는 방법에 대해서는 배워야 한다. 어떻게 쓰고 저축해야 하는지 말이다. 나는 돈을 어떻게 써야 하는지를 배우지 못했다. 그래서 벌면 좋아하는 일에 돈을 쓰고 쓰면 벌면 된다는 식의 사고를 하고 있었다. '쓰면 또 벌면 되지'라는 생각으로 돈을 벌어 쓰는 것에 개념이 없었다. 그러다 돈으로 힘들면 원망하고, 포기하려는 부정적인 말만 늘어놓으며 나 자신을 궁지로 몰아넣었다.

모르는 것을 알아가는 과정에서 실패는 있을 수 있다고 본다. 돈 좇아가지 말고 돈이 좇아오도록 해야 한다는 말처럼 나는 돈을 좇아 살아가는 삶을 살았다. 어떤 일이든 좋아하는 일에 가치를 두고 움직이면 돈은 자연히 따라온다고 생각한다. 흥청망청 돈을 쓰는 것이 아닌 가치 있고, 의미 있게 돈을 쓰는 것이 중요하다는 사실도 뒤늦게 깨달았다. 어떤 문제든 상황을 해결하기 위한 고통은 피해갈 수 없다. 아프고 괴롭지만 그만큼 성장한다는 말은 결코 헛된 말이 아니다. 새로운 관점, 사고가 확장되어 나를 성숙하게 만드는 시간이라고 생각한다.

제3자 입장에서 문제를 바라보는 객관적으로 보는 힘 키우기

문제를 스스로 해결하지 않으면 같은 문제로 매번 불편하게 살아야 할 때가 종종 생긴다. 실타래 같이 엉켜 풀리지 않을 것 같은 상황도 제3자의 눈으로 냉정하게 문제를 들여다보면 풀어나갈 힘이 생긴다. 내 문제라고 생각하고 골몰하다 보면 아무런 해답이 생기지 않는다. 오히려 잡념에 괴로움에 몸만 축나고, 마음만 우울해지기 쉽다. 감정에 치우쳐 문제를 헤쳐나갈 힘이 생기지 않는다.

문제의 상황에 놓이게 되면 우리는 객관적인 사고보다 주관적인 생각에 사로잡혀 있을 때가 많다. 남의 문제는 객관적인 입장에서 잘 들여다 보며 조언도 하지만 내 문제가 되면 상황은 달라진다. 괴로운 감정에 젖어 문제를 소홀하게 대할 때가 있다. 문제로 인한 감정 소모를 키우기보다 문제를 냉정하게 판단하고, 어떻게 해결해야 할지 퍼즐 놀이처럼 생각하면 내적 성장이 일어나는 시간이라고 생각하면 긍정적인 부분도 있다. 문제를 굳이 나쁘게만 생각하지 않아도 될 일이다. 인생은 연습이 없으니 사는 대로 생각하는 것보다 생각하며 살아가는 방법을 현실에서 깨우치는 습관을 키워보는 것도 괜찮다고 본다.

생각할 시간은 충분할수록 좋다

작년 봄에는 집에서 토마토 모종을 사서 베란다에 키웠다. 좁은 화분에 토마토 모종 열두 개를 심었다. 한 소쿠리 나올 양을 기대하며 열심히 물도 주고 거름도 주며 가꿨다. 그런데 키만 쭉 뻗기만 하고 고작 수확은 방울토마토 세 개였다. 욕심만 앞섰다. 모종만 사서 심으면 많은 수확을 얻을 수 있는 것만 기대했었다. 토마토 모종이 자랄 거란 환경 따윈 생각하지 않고 수확에만 여념 없었다.

상황에만 몰입하다 보면 아무것도 보이지 않는다. 문제가 생기기 전에 과정을 살펴본다는 것은 어쩌면 같은 일을 두 번 들여다보는 것 때문에 힘들 수 있다. 좋은 추억, 좋은 기억이 아닌 이상 다시 기억을 떠올려 생각하고 싶은 사람은 없을 것이다. 특히 문제의 원인을 파악하기 하기 위해서는 처음부터 되짚어 보고, 상황을 재정리해야 하는 일이 생긴다. 현재의 원인을 알아보기 위해서는 불편한 상황을 마주하고 과정을 들여다볼 수 있어야 한다. 반드시 해야 할 일이기도 한 것 같다.

우리는 사람의 관계에서도 문제가 생기면 관계의 문제가 어디에서 잘못됐는지 찾아본다. 좋은 일이 아니고선 과정을 과거로 엮어 생각하는 것 자체가 피곤한 일이다. 그래서 우리는 머리 아프고 복잡한 일이라면 금방 포기하고 다른 쪽으로 고개를 돌리는 것이 더 편할 수도 있을 것이다.

대인관계의 문제도 오해로 다투고 멀어질 때가 있다. 그럴수록 피하는 것보다 관계 유지를 위해 무엇이 잘못되었는지 이야기로 오해였을 일들을 풀고 나면 서로의 관계가 돈독해지는 경험을 한다.

나는 꽤 오랜 시간 피부 관리 일을 하면서 사람들을 많이 만났다. 특히 일하면서 직원들과의 관계에서 힘들 때가 많았다. 그 당시에는 상대방의 문제점만을 가지고 지적하는 일에만 익숙해져 있었던 것 같다. 어떤 부분이 불편했는지 상황을 들여다보고 문제의 원인이 어떻게 생겼는지 생각해

보는 일에 부족했었던 사람이었다.

시간이 지나면 지날수록 대인관계와 소통에 대해 생각하고 고민해야 할 일들은 많아졌다. 그리고 문제는 결국 타인에게 있는 것이 아닌 나의 문제였다. 나를 먼저 돌아보고 잘못된 점을 찾아내고 개선의 의지를 가지고 노력하지 않으면 어려운 일이 지속될 건 뻔한 일이다. 그리고 내면의 성장을 기대하긴 어려운 일이다.

지금은 상대방에게 생각할 시간을 준 뒤 나 자신도 생각할 시간을 많이 가지는 편이다. 생각하는 시간은 잡념이 아니다. 내게 있어 나를 되돌아보는 시간이기에 힘이 드는 일이다. 그래야만 보이는 모습만 보고 판단하지 않을 수 있다. 타인이든 나 자신이든 말이다.

이것만은 꼭 해보자!
내 인생의 버킷리스트

늘 꿈꾸며 이루고 싶은 버킷리스트가 있다. 세밀하게 기록하면 더 많은 항목이 있겠지만 가장 이루고 싶은 것을 열 개 순위로 적어봤다.

베스트셀러 작가 되기

전업 작가로 활동하기

내 집 장만하기

자동차 장만하기

여행

선교사업

강연하기

사업확장

가평 별장

뷰티살롱 멤버십 제도 운영

열 가지 중에 가장 오랫동안 계획하고 꿈꿔온 일은 선교사업이다. 반드시 이루고 싶고, 하고 싶은 일이다. 받은 만큼 돌려주고 싶은 마음 때문이다.

태어나서 인생을 꽤 살아본 나이는 아니지만 여덟 살 이후로 집 걱정을 안 해본 적이 없다. 상황이 허락해서 당연히 할 수 있는 일이 아닌 남들이 엄두를 내지 못하는 일을 해서 부러움을 살 수 있는 일이라면 도전하고 싶은 욕구가 생겼다. '마음 가는 대로 쉽게 살아내는 것이 쉬운 일은 아니구나'라는 생각에 도전의식이 생긴 계기가 된 것 같다.

월세 낼 돈이 없어 쫓겨나 천막을 치고 살아본 적도 있고 좁은 방 한 칸에 네 식구가 잠을 자고 밥을 먹으며 지낸 적도 있었다. 지금 생각해 보면 어떻게 살았나 싶을 만큼 치열했다. 그래서 집에 대한 욕심이 있다. 월세 걱정 없이 말이다. 어렸을 때는 꿈만으로도 현실을 이길 힘들이 넘쳐났던 것 같다. 남들이 불가능하다고 했던 일을 할 수 있었던 이유 중 현실과 타협하지 않았다. 현실은 가난했지만, 나의 꿈마저 가난하지 않았다. 내가 행복할 수 있었던 건 꿈이 있었다는 것이고, 그 꿈이 버틸 수 있었던 원동력이 되었다.

> 성공하고 싶다면 몸과 마음을 성공 에너지로 가득 채워야 한다. 성공자처럼 생각하고, 행동하고, VD(Vivid Dream)를 해야 한다.
>
> -이지성, 《꿈꾸는 다락방》, 국일미디어, 2007

바라는 대로 꿈을 꾸고, 노력한다면 어느 순간 아주 가까이 그곳에 머무를 것이라고 확실히 믿는다. 나는 현실에 안주하며 사는 것을 원하지 않는다. 지금도 마찬가지다.

치열함도 겪어봐야 아는 법

가끔 서울 생활을 익숙하게 잘하는 모습을 볼 때면 대견한 생각이 든다. 서울의 물가와 집값은 어느 지역에 사는 사람들을 막론하고 비싸고 살기가 힘들다는 것을 다 아는 사실이고 현실이다. 이런 나를 보면서 사람들은 어떻게 서울에서 사느냐고 말한다. 그런데 지금까지도 20년 넘게 서울에서 잘 살아가고 있다. 버틸 힘이 어디서 나왔을까 곰곰이 생각해 보면 돌아갈 곳이 없었다는 게 이유다. 그래서 버티고 살아내야 했었다. 비싸고 치열한 서울에서.

지금 처한 상황보다 더 나은 삶이 있다면 도전하고 싶었다. 고등학교 졸업만 하면 기차 타고 서울로 떠날 생각만 가득했다. 서울로 올라간다는 건 꿈만 같은 일이었다. 우물 안 개구리처럼 바깥세상으로 나와 보지 않으면 처한 상황이 큰 줄 알고 살았을 것이다.

떠나보니 알 수 없는 세계가 있었다. 치열하게 살아가는 방법도 치열하게 살아봐야 얻어지는 게 현실이고 공부도 해본 사람만이 성취감으로 공부를 하는 것 같다. 막연하게 생각했던 서울 생활도 적응할 때쯤 비행기엔 어떤 사람들이 타고 어디로 움직이는지 궁금했다. 남들이 하는 것은 다 해보고 싶은 욕심이 많았다.

1년이든 3년이든 오늘도 씨를 뿌린다

어디로 갈지 정해진 곳은 없지만, 한국을 떠나 다른 나라로 가고 싶었다. 공부하러 떠나야겠다는 꿈을 가지고 계획을 세웠다. 1년 유학을 준비를 위해 자금을 모으고 떠난 일본 유학길. 가난하고 돈 없어 포기할 수 있었겠지만, 지치고 힘들었던 생활에 타협하지 않고 원하고 바라는 꿈을 이루고 싶은 간절한 마음으로 준비했다. 드디어 첫 비행기에 몸을 실었을 땐 불가능한 일이라고 생각했던 나의 꿈의 한 부분을 이뤄냈다는 성취감에 스스로가 대견하다고 느꼈던 순간이었다.

꿈이란 노력의 과정이 필요하다. 단지 과정의 시간은 제각각 다르다. 누군가에겐 1년, 누군가에겐 3년일 수 있다. 결과의 시간은 아무도 알 수 없다. 그냥 꿈을 꾸고 이뤄질 때까지 씨 뿌리는 과정을 계속 밟아나가야 한다. 꿈이 있는 나에게 있어 과정은 가장 행복한 시간이다. 지금도 여전히.

하기 싫은 일은 반드시 해야 하는 일이다

하기 싫은 일을 한다는 것은 쉽지 않은 일이다. 그런데 다르게 생각해 보면, 좋아서 일하는 사람은 얼마나 될까 싶기도 하다. 좋아서 하는 일도 반복적으로 하다 보면 지루해질 수도 있고, 의도하지 않게 문제가 생기면 하기 싫어진다. 반면에 하기 싫은 일도 계속하다 보면 보람을 느끼고 익숙해지면 좋아하게 되는 날도 오는 것 같다.

문제가 생겨 해결하는 일은 귀찮고 번거로운 일이기도 하고 누군가 대신해줬으면 하는 바람도 있을 것이다. 몸이 편한 쪽으로만 생각하고 움직이면 우리는 문제를 받아들이고 풀어가는 일에 어린아이처럼 대응하며 쉽게 안주하고 포기하는 습관만 생기기 마련이다.

쉽게 얻을 수 있는 것은 없다

나는 배부르게 먹고 좋아하고 맛있는 음식을 먹을 때가 가장 행복하다. 불편하거나 싫은 사람들과는 함께 할 수 없는 일이 음식을 먹는 것이다. 20대 때는 편식도 심하고 먹어본 음식만 먹어서 살이 찌지 않았다.

어느 순간 이 말은 사라졌다. 먹으면 풍선 배처럼 보기 불편한 뱃살을 바지에 꾹꾹 밀어 넣어야 할 수준까지 와버렸다. 몸은 탄력을 잃어 가고, 누구에게도 말할 수 없는 고민이 되어버렸다. 배불리 먹고 마시는 일은 늘어지고 불러오는 뱃살의 지방 세포만 좋은 일 시키는 것이다. 그러면서 날씬한 몸매를 여전히 유지하고픈 욕심만 낸다.

먹고 유지하려면 결국엔 하기 싫은 운동을 해야 한다. 그래야만 최소한 날씬한 몸매를 유지하면서 살 수 있다. 운동한다는 것은 의지가 필요하고 쉬고 싶은 시간을 쪼개서 몸을 움직여야 한다. 근육량을 높이기 위해서는 하기 싫은 유산소 운동을 해야 한다는 것이다. 결국엔 쉽게 얻을 수 있는 것이 아무것도 없다는 이야기다. 건강한 몸을 위해서는 하기 싫은 운동은 반드시 해야 한다.

> 성공한 사람들은 실패한 사람들이 하기 싫어하는 일을 한다. 그들도 하기 싫기는 마찬가지다. 다만 하기 싫은 마음보다 목표를 달성하려는 마음이 크기 때문에 하는 것이다.
>
> – 앨버트 그레이(Albert Grey)

우리가 맛있는 음식을 먹을 때 행복하고, 치울 땐 귀찮을 때가 많다. 그리고 쇼핑할 땐 즐겁지만 돈 버는 일은 쉽지 않고 고통은 이루 말할 수 없다. 결국엔 하기 싫은 일은 더 나은 것을 얻기 위해 반드시 해야 할 일이다.

목표 의식이 있으면 우리는 반드시 움직이게 되어 있는 것 같다. 반대로 목표 의식이 없으면 우리는 나태한 삶과 타협하는 데 1등이 될 수 있다. 돈을 버는 일은 참 힘이 들고 버거울 때가 많다. 삶의 질을 윤택하기 위해서는 또한 하기 싫은 일을 하며 돈을 벌어야 한다.

삶을 살아가면서 꼭 해야 하는 모든 일들이 결코 내가 좋아하는 것일 수 없다. 누구나 자신과 하기 싫은 일을 하면서 살아간다. 여러 일을 해오면서 좋아하는 일이 버겁고 싫어질 때가 있었고, 하기 싫고 번거로운 일이 좋아하는 일이 되기도 했던 것 같다. 하기 싫은 일을 안 하고 살 수는 없을 것이다. 대신 좀 더 원활히 하고 싶다면 주변에 도움을 구하는 방법도 있을 것이다.

그냥 해보라

Just Do It!

나는 피부 미용 일을 20년 넘게 하고 있다. 10년 차 땐 일에 대한 회의도 생기고. 다른 일을 해보고 싶어 방황을 많이 했다.

익숙함에서 오는 지루함과 나태함이었던 것 같다. 기능적인 기술만 손에 익힌 것을 반복적으로 하기엔 지루했다. 전문적인 공부를 해보고 싶다는 생각도 했었고, 단조로운 일상에서 벗어나고픈 욕구가 강하게 자리 잡고 있었던 것 같다. 그때 조금 더 공부를 해보면 싶다는 생각이 들었다. 다른 각도로 고객 관리를 할 수 있을 것 같아 1년이란 시간을 두고 공부에 집중했다.

주말을 반납하고 공부한 후엔 고객의 만족도도 높아지고 일에 대한 보람을 느낀 뒤로는 일에 대한 권태기가 없어졌다. 그 이후 10년을 어떻게 왔는지 벌써 20년이란 시간이 흘러 지금도 여전히 현장에서 근무 중이다.

한 번쯤 하기 싫은 이유가 뭔지를 생각해 봤으면 좋겠다. 그냥 하기 싫다는 것이 이유가 되지 않았으면 좋겠다. 하기 싫다는 감정에 메이지 않고 그냥 해보는 것이다.

Bravo, My Life!
난 나의 내일이 그리고 미래가 기대된다!

생각하는 대로 살지 않으면 사는 대로 생각하며 살아간다는 말에 공감한다. 우리는 원하는 일들을 계획하고 꿈을 꾸며 살아간다. 꿈을 이루어 가는 과정은 생각과 말처럼 쉬운 일은 아니다. 기한이 있는 것도 아니고 때를 아는 것도 아니어서 막연한 동아줄을 잡는 것 같은 생각에 쉽게 포기할 마음이 드는 것도 당연한 일이라고 생각한다. 그리고 그것을 이루기 위한 시간이 먼 산을 바라보는 것 같아 애써 시도하려는 마음조차 힘든 것도 안다. 그런 꿈을 엮어가는 과정을 기쁨으로 생각하지 않으면 쉽게 포기할 마음이 드는 것도 이해가 된다.

나에게 가난이 무기가 될 수 있었던 이유는 결핍과 부족함이었다. 그래서 결핍과 부족함을 채우기 위해 스스로 무엇이든 배우고 터득하는 법을 배울 방법밖에 없었다. 경제적인 여유가 있었다면 몸과 정신은 편할 수 있었겠지만 도전하는 삶을 기대하긴 어려웠을 것 같다.

가난한 삶이 원망스럽지 않냐고 묻는다면 "전혀"라고 답할 수 있다. 나에겐 그 시간이 아주 좋은 기회였다고 말하고 싶다. 그래서 가난은 불편하고 지루한 과정의 여행 같을 수 있지만, 가난의 스펙이 없었다면 결핍을 채우기 위한 노력도 부족함을 보충하기 위한 어떤 행동도 하지 않았을 것 같다. 단지 살아가는 대로 생각하며 살고 생각하는 그 정도의 프레임에 갇혀 나답게 살았을 것을 생각하면 답답함이 먼저 밀려와 명치를 치는 듯한 느낌이 든다.

나의 꿈 실현을 위한 40년은 말 그대로 광야 생활이었다. 배고픔과 타지 생활의 외로움은 끝이 없어 보였고, 그런 삶을 기대할 것은 오로지 오늘만 지나면 숨을 쉴 것 같은 내일만 기대하면서 살아왔다. 내일은 뭔가 해결될 것 같은 기대와 귀인이 나타나 도와줄 것 같은 기대 때문인지 모른다. 그러나 결단코 어떤 문제를 안고 살아도 시간은 문제를 직접 해결해 주진 못하지만, 그 문제를 해결할 시간은 어김없이 지나가기 때문에 버텨오며 지내왔다. 하루해가 지고 아침 해가 뜰 때가 좋다. 그러면 조금 더 버텨 볼 힘이 생겼기 때문에 그 힘으로 살아내고, 그리고 살아가고 있다.

멋지게 살아내고 있는 오늘
내일이 아름다울 당신
브라보, 마이 라이프

북큐레이션 • 원하는 곳에서 자신의 가치를 높이고, 가슴 뛰는 삶을 살고 싶은 이들을 위한 책

《돈 없고 백 없으니 겁날 것도 없다》와 함께 읽으면 좋은 책. 진정한 나다움을 발견하고 인생을 멋지게 브랜딩 하길 원하는 당신을 응원합니다.

마음 읽기 수업

김미애 지음 | 14,800원

원하는 결과를 얻지 못하는 커뮤니케이션은 이제 그만! 마음을 읽어내는 것이 자본이 되는 시대다!

저자는 누군가 리더십, 조직문화, 커뮤니케이션을 주제로 강의하는 프로 전문 강사다. 일상생활에서 누구나 겪을 수 있는 대표적인 사례를 통해 다양한 관계 속에서 발생하는 문제들을 어떻게 해결할지, 나의 마음과 상대의 마음을 어떻게 읽고 관계를 형성하고 유지해나갈지 등 서로의 마음을 읽어가는 것이 인생에 미치는 영향에 관해 이야기한다. 이 책은 읽는 것만으로도 미처 발견하지 못했던 나의 마음과 상대의 마음에 좀 더 가까이 다가갈 수 있도록 해주며, 관계 스킬 능력과 진정한 내 모습을 찾는 방법까지 제시한다.

그래서 해내는 능력

손동휘 지음 | 14,000원

MZ 세대에게 묻는다! 머물 것인가? 앞으로 나아갈 것인가?

저자는 되는 일이 없어 좌절하거나 시도하기 전에 포기부터 하거나 무슨 일을 할지 막막하여 그 자리에 멈춰 선 MZ 세대들에게, '해내는 전략'을 알리고자 한다! 미래는 있는 그대로 두는 것이 아니라 있는 내가 힘껏 변화시키고 만들어나가는 것이어야 한다! 'SNS만 보면 작아지는 나, 좋아하는 게 무엇인지 모르는 나, 어떻게 살아야 할지 모르는 나'에서 벗어나고 싶은가? 기회는 눈앞에 있다. 도전정신으로 내 삶을 무장하라! 그리고 도전하고 성취하는 삶을 살아라!

3040 초돌파력

박정빈 지음 | 15,000원

**디지털 시대에 맞춰 내 인생의 판을 바꿔줄
돈, 사람, 건강 문제를 돌파하는 기술**

험난하고 수많은 고비를 이겨내기 위한 저자의 도전과 세상을 향한 돌파력은 우리에게도 자신감을 되찾게 만든다. 생활 속의 작은 변화가 필요한가? 내 인생, 내 삶을 살기 위해 무엇을 해야 할지 고민되는가? 방향성을 잃고 잠시 멈춰있다면 지금 당장 이 책을 집어라. 어린 시절의 소심함과 낮은 자존감을 깨고 성인이 되어 '잘될 거야. 될 일은 된다.'라는 긍정 에너지를 품고, 이루고 싶은 꿈을 위해 도전한 저자의 삶은 분명 우리에게 희망을 전달할 것이다! 우리는 지금도 멈춰있지 않고 이 순간에도 새로운 도전을 하고 있다는 것을 깨닫길 바란다!

행복한 사람은 이렇게 삽니다

김나미 지음 | 14,000원

**감정의 소용돌이에서 벗어나
단단한 사람이 되는 긍정 프레임**

마음이 아픈 사람들이 점점 많아지고 있다. 마치 흐린 날 하늘처럼 삶의 모든 영역이 회색빛으로 보인다. 이 책은 삶에 긍정적인 요인을 채우는 마음 안경인 '플러스 라이프로 살아가는 훈련법'을 소개한다. '긍정적인 나'를 위한 훈련들은 내 안에 꼭꼭 숨겨져 있던 긍정성을 발견하게 돕는다. '존중하는 너'가 되기 위한 훈련은 주변 사람들과 좋은 관계를 유지하는 방법을 알려준다. '함께하는 우리'가 되기 위한 훈련은 확대된 세상과 연결되어 의미 있는 삶을 살아가도록 한다. 또한 활동지를 함께 수록해 실제 삶에 적용해볼 수 있도록 돕는다.